Helga Schneider

Als wir Kinder waren

Helga Schneider

Als wir Kinder waren

Roman

Aus dem Italienischen von
Claudia Schmitt

Piper
München Zürich

Von Helga Schneider liegen im Piper Verlag vor:
Laß mich gehen
Kein Himmel über Berlin

Die Originalausgabe erschien 2004
unter dem Titel »L'usignolo dei Linke«
bei Adelphi Edizioni S.p.A., Mailand.

ISBN 3-492-04713-0

Gesetzt aus der Sabon
Satz: EDV-Fotosatz Huber/
Verlagsservice G. Pfeifer, Germering
Druck und Bindung: Clausen & Bosse, Leck
Printed in Germany

www.piper.de

Heimat ist, wo wir lieben.
Unsere Füße mögen sie verlassen,
aber niemals unsere Herzen.

Oliver Wendell Holmes Jr.
(1841–1935)

Hamburg, Februar 2003

Er hatte mich in der *Kerner Show* gesehen. Am nächsten Tag brachte er irgendwie in Erfahrung, in welchem Hotel ich wohnte, und rief mich an.

Als ich ihn an der Rezeption stehen sah, erkannte ich ihn sofort: Er war immer noch schlank, Kurt Linke, wenn auch etwas gebeugt und mit graumeliertem Haar. Ein Mann im fortgeschrittenen Alter – so wie ich eine Frau im fortgeschrittenen Alter war.

Was uns verband, war die Erinnerung. Die Erinnerung an einen ganz besonderen Sommerurlaub im Jahr 1949, in einem Haus am Attersee in Österreich. Er war mir als magerer, verhaltensgestörter Junge im Gedächtnis geblieben, ich ihm als dürres, halsstarriges Geschöpf.

Es war *unser* Sommer gewesen: ein wirklich wundervoller Sommer, nachdem ich ihm, beinahe mit Gewalt, seine Geschichte entrissen hatte – die Geschichte eines damals neunjährigen Jungen, der Dinge erlebt hatte, mit denen ein Kind nicht fertigwerden konnte.

Nach diesem Sommer waren wir getrennte Wege gegangen und hatten uns aus den Augen verloren.

Aber während wir uns an diesem strahlenden Februarmorgen gegenseitig unsere Leben erzählen – die so unterschiedlich und so sehr voneinander entfernt gelebt worden waren –, ist es, als hätten die Jahre keine Spuren hinterlassen, als wären sie an uns vorbeigeflossen wie die Elbe, draußen, vor dem Fenster der türkischen Imbißstube.

»Hast du Kinder?« fragt er mich.

»Einen Sohn. Und du?«

»Zwei. Einen Sohn und eine Tochter. Das Mädchen heißt Martina und ...«

Ein Schatten senkt sich über das ungetrübte Blau seiner Augen.

»Und der Junge heißt Nikolas, stimmt's?« frage ich mit einem Lächeln.

Wie hätte er auch anders heißen können?

Attersee, Österreich, Dezember 1948

Im Frühjahr 1948 verließen mein Bruder und ich zusammen mit Ursula, der zweiten Frau unseres Vaters, Berlin, das nur noch ein einziger riesiger Trümmerhaufen war. Mein Vater hatte nach langer Suche in Österreich Arbeit gefunden, war dort zu seinen Eltern gezogen und hatte die Erlaubnis erhalten, uns nachkommen zu lassen.

Davor verbrachten wir aber noch ein paar Monate in einem Flüchtlingslager bei Lübeck; auch das war eine ziemlich harte Zeit, vor allem für uns Kinder. Mitte November brachte uns dann ein Güterzug alle drei zur österreichischen Grenze; von dort ging es in einem alten Bummelzug nach Salzburg weiter.

Im Bahnhofsrestaurant nahmen wir ein karges Mahl zu uns: Während unsere Stiefmutter einen Salzhering mit Semmel verzehrte, mußten mein Bruder und ich uns ein Paar Frankfurter und eine Scheibe Schwarzbrot teilen.

Von Salzburg gelangten wir in einem Regionalzug nach Vöcklamarkt und dann in einer kleinen Panoramabahn nach Attersee. Und dort gab es nach sechs Jahren endlich ein Wiedersehen mit den Großeltern.

Der Morgennebel hebt sich. Ein Fuchs schlüpft aus dem Hühnerstall mit einem der letzten Hühner zwischen den Zähnen. Flink entwischt er. Die Männer der polnischen Miliz haben harte Gesichter. Sie sind zu sechst, und ihr Gebaren läßt nichts Gutes ahnen.

Die drei Hofhunde zerren an ihren Ketten und knurren zähnebleckend. Drei Gewehrschüsse strekken sie nieder.

Die Soldaten treten, ohne lange zu fackeln, die Haustür ein und durchqueren die kleine Diele, in der es nach Äpfeln und Bohnerwachs duftet. Sie poltern die Treppe hinauf. Ernst und Maria erwarten sie stehend und sich an den Händen haltend in ihrem Schlafzimmer. Sie schlafen schon seit Tagen angekleidet.

»In zwanzig Minuten seid ihr hier raus«, herrscht ein Unteroffizier, der Anführer der Gruppe, Ernst an und hält ihm einen Räumungsbefehl hin. Dort steht: »Sämtliche Einwohner deutscher Staatsangehörigkeit haben Polen bis spätestens 30. September 1945 Punkt 12.00 Uhr zu verlassen. Die Mitnahme eines Gepäckstücks von höchstens 20 Kilogramm ist erlaubt.« Unterzeichnet war der Erlaß vom örtlichen Bezirkskommando, der polnischen Regierung und dem Oberbefehlshaber des polnischen Heers.

Es war sofort losgegangen. Schon in den ersten Tagen nach der Kapitulation der deutschen Wehrmacht hatten die polnischen Behörden eine systematische und brutale Hetzkampagne gegen die in Polen ansässige deutsche Minderheit in die Wege geleitet. »Deutsche raus!« wurde mit Kalk auf alle Mauern und Häuserfassaden geschmiert. Und Gomulka, der Vorsitzende der Kommunistischen Partei, ließ augenblicklich Pläne für die Deportation der noch auf polnischem Boden weilenden Deutschen ausarbeiten.

Den Polen wurde verboten, einem Deutschen in der Öffentlichkeit die Hand zu geben oder mit Deutschen befreundet zu sein. Im Radio durfte keine deutsche Musik mehr gespielt werden. Auf den Friedhöfen wurden Gräber mit deutschen Namen geschändet. Deutsche Betriebe wurden sabotiert, ihre Aushängeschilder zerstört. In den Wirtschaften durfte kein deutsches Bier mehr ausgeschenkt werden, und den Kindern brachte man bei, »Dreckiger Deutscher, hau ab!« zu sagen.

Die polnischen Milizen führten Razzien in den Häusern der Deutschen durch; junge Männer wurden in Arbeitslager deportiert, ältere ins Gefängnis geworfen.

Anfänglich hatten Ernst und Maria noch gehofft, der antideutsche Fanatismus würde wieder abklingen; aber sie irrten sich. Im ganzen Land begann eine regelrechte Hetzjagd auf Deutsche. Frauen wurden auf öffentlichen Plätzen vor Hunderten von grölenden Männern vergewaltigt. Die Apotheken wurden angewiesen, kostenlos Zyankaliampullen an Deutsche zu verteilen; die Folge war eine Welle von Selbstmorden, mancherorts brachten sich ganze Familien um.

Wer deutsch war, bekam keine Lebensmittelkarten. Ernst und Maria dachten, sie könnten sich mit dem, was der eigene Hof hergab, über Wasser halten, aber auch darin täuschten sie sich. Der Hof wurde immer wieder überfallen, nach und nach raubte man ihnen alles: Schweine, Hühner, Getreide – sogar das Heu nahmen sie mit. Danach waren die Gerätschaften an der Reihe, und zuletzt wurden ihnen sogar noch das Pferd und die Wäsche von der Leine gestohlen.

Auge um Auge, Zahn um Zahn. Für die Polen hatte die Stunde der Rache geschlagen.

Als Ernst zu fragen wagte: »Was wird aus unserem Hof?«, antwortete ihm der Sergeant deshalb eiskalt: »Deinen Hof kannst du vergessen, Opa.«

Hatte der Führer des Deutschen Reichs die polnischen Bauern etwa nicht enteignet und ihre Ländereien den im Balkan ansässigen Deutschen zugeteilt? Und hatten die Nazis die solchermaßen bestohlenen Familien etwa nicht auseinandergerissen, alte Leute und kleine Kinder ermordet, Jungen und Mädchen ins KZ geschickt, jüngere Frauen und Männer zur Arbeit in der deutschen Waffenindustrie gezwungen?

Sie beide (Ernst war tschechischer, Maria böhmischer Abstammung) waren seinerzeit nach Österreich ausgewandert, wo sie sogar das Bleiberecht erworben hatten. Später waren sie aber von der verheerenden Arbeitslosigkeit nach Polen getrieben worden. Dort hatten sie für einen polnischen Junker gearbeitet und immerhin so viel zusammensparen können, daß es zum Kauf eines kleinen Bauernhofs reichte.

Jetzt wußten sie, daß sie diesen nie mehr wiedersehen würden, und ihr Herz war schwer.

Weiß schlängelt sich die vertraute Landstraße im gleißenden Sonnenlicht durch blumenübersäte Wiesen. Die Schar der von ihren Höfen vertriebenen Deutschen wird immer größer. Die polnischen Soldaten treiben die Leute mit ihren Gewehrschäften an.

Ernst stolpert und stürzt. Augenblicklich pflanzt sich ein Pole vor ihm auf: »Steh auf, Alter, oder ich erschieße dich!«

Ernst hat sich die Nase aufgeschlagen, das Blut tropft auf seine helle Jacke. Maria erbleicht.

»Nichts passiert«, tröstet er sie. »Ich bin schon wieder auf den Beinen, siehst du?«

Der Zug schleppt sich unter der brütenden Sonne dahin. Aus den Feldern hört man Rufe: »Raus aus unserem Land, dreckige Deutsche!«

Eine hochschwangere Frau versucht mühsam, mit den andern Schritt zu halten. »Geh bloß nach Hause mit deinem deutschen Bastard!« schreien sie ihr zu. Eine polnische Bäuerin rennt zu ihr hin und tritt ihr mit dem Fuß in den Bauch: »Hitlerhure!«

Gegen Mittag erreichen sie ein provisorisches Sammellager: Es ist der konfiszierte Hof eines Deutschen, der wahrscheinlich im eigenen Haus gefangengehalten wird.

Im Geräteschuppen steht zwischen Dreschmaschine, Traktor, Dungstreuer und Güllefaß ein mächtiger Schreibtisch, dahinter ein Pole in Uniform, der barsch ihre Papiere verlangt; das Gepäck können sie behalten. Als nächstes werden die Männer in den – inzwischen leeren – Ställen eingesperrt, Frauen und Kinder im Heuschober. Ernst und Maria trennen sich mit feuchten Augen.

Die Kinder spielen eine Weile, klettern auf die Heuballen und springen wieder herunter, davon werden sie müde. Und durstig. Die Frauen klopfen ans Tor, um die beiden Bewacher herbeizurufen. Einer von ihnen steckt den Kopf herein.

»Was zum Teufel wollt ihr?«

»Die Kinder haben Durst.«

»Später!«

Jegliches Bitten ist sinnlos. Erst ein paar Stunden später gibt es einen Eimer Wasser.

Im Heuschober wird es allmählich dunkel. Die Kinder sind unruhig. Sie haben Hunger und wollen nach Hause zurück. Gegen neun kommen drei Polen mit einem Kessel und Blechnäpfen. Die Suppe schmeckt scheußlich, wird aber trotzdem gierig verschlungen.

Auf diese Weise vergehen mehrere Tage. Die Kinder haben immer rötere Augen, sie betteln um Wasser und Essen. Aber die polnischen Bewacher grinsen nur höhnisch und scheren sich nicht um ihr

Weinen und Quengeln. Sie sind schließlich Kinder der Deutschen, des verhaßten Volkes, jetzt sollen sie mal leiden, Bauchkrämpfe haben vor Hunger, bei den Mäusen im Heuschober schlafen, die Notdurft neben dem eigenen Schlaflager verrichten, wie das Vieh. All das ist nichts im Vergleich mit dem, was die Deutschen den polnischen Kindern angetan haben: Vor den Augen ihrer Mütter haben sie die Kleinen ermordet oder – sofern sie auffallend dem Kanon der arischen Rassenlehre entsprachen und nicht den geringsten körperlichen Makel aufwiesen – in Himmlers Lebensbornheime gesteckt. Dort wurden sie »zwangsgermanisiert«, mußten ihre Herkunft vergessen, ihre Eltern, ja, sogar ihren Namen.

In der dritten Nacht platzt die Fruchtblase der Schwangeren. Die Frauen schlagen mit den Fäusten ans Tor des Heuschobers und bitten, als endlich jemand öffnet, um Hilfe für die Gebärende. Alles, was sie zur Antwort erhalten, ist: »Soll sie doch gucken, wie sie mit ihrem Nazibankert zurechtkommt.«

Gegen zehn Uhr morgens kommt unter katastrophalen hygienischen Bedingungen ein prächtiger Junge zur Welt, der lauthals kräht. Jede Frau opfert einen Fetzen Stoff aus ihrem Gepäck, um daraus dem Kind Windeln zu machen. Der Wöchnerin aber droht die Gefahr einer Infektion.

Am Abend erscheinen zusammen mit der mageren Soldatenkost zwei Polen im Heuschober; einer von ihnen geht zu der Mutter und reißt ihr das Neugeborene aus dem Arm. Die Frauen werfen sich auf ihn, versuchen, ihm das Kind wieder zu entreißen; die Mutter fleht mit herzzerreißenden Schreien, man solle ihr das Kleine zurückgeben; auch die Kinder mischen sich in das Handgemenge ein. Einer der beiden Polen hat einen Gummiknüppel dabei, mit dem er blind um sich schlägt; irgendwann schafft er es, mit seinem Kumpanen und dem Baby den Heuschober zu verlassen.

Eine schreckliche, unwirkliche Stille senkt sich über den Raum. Dann beginnt eine der Frauen, ein Gebet zu murmeln, und die andern stimmen ein. Die Wöchnerin weint leise vor sich hin, den Kopf gesenkt, die Finger krampfhaft ineinander verflochten. Das Warten, die entsetzliche Ungewißheit dauert einen ganzen Tag.

Am Abend erscheinen die beiden Männer wieder.

»Wo ist mein Kind?« schreit die Mutter verzweifelt. »Wo habt ihr es gelassen?«

Sie ist aufgesprungen, an ihren Beinen strömt Blut herunter.

»Ruhe!« bellt einer der beiden Polen. Alle starren ihn erwartungsvoll an.

»Dort hinten ist ein Tümpel«, sagte er, macht eine Pause und wippt dabei auf seinen Sohlen vor und zurück, »... und in dem haben wir deinen deutschen Bankert ein bißchen baden lassen ... Pech für ihn, daß er nicht schwimmen konnte!«

Die Wöchnerin bricht zusammen. Die beiden Polen gehen höhnisch lachend hinaus.

So geht es weiter. Tags der Durst, nachts die Angst und das Pfeifen der Mäuse.

Jeden Abend kommen die Bewacher in den Heuschober und schleppen ein paar Frauen hinaus. Jede Gegenwehr ist sinnlos, die Alternative wäre ein Pistolenschuß. Vor die Wahl gestellt, entscheiden sich die Frauen fürs Leben. Maria bleibt das erspart, sie ist zu alt und nicht mehr appetitlich genug. Anders ergeht es einem dreizehnjährigen Mädchen, das mehrfach vergewaltigt wird.

Einmal gibt es, o Wunder, Fleischbällchen zu essen; gierig verschlingen die Frauen sie. Erst danach teilt einer der Bewacher mit, daß das Fleisch von Mäusen stammte.

Eines Morgens, die Luft ist feucht und grau, werden sie ins Freie hinausgetrieben. Ernst und Maria finden sich wieder: Sie sind beide abgemagert, ihm setzt sein altes Magengeschwür zu, sie leidet unter heftigen Kopfschmerzattacken, die sie nachts kaum drei Stunden ruhen lassen; aber wenigstens sind sie wieder beisammen. Wie alle werden sie gezwungen, ein Dokument zu unterschreiben, in dem sie versichern, das Land freiwillig zu verlassen, nie wieder zurückzukehren und keinerlei Wiedergutmachungsansprüche geltend zu machen.

Danach treibt man sie wie eine Viehherde zum nächsten Bahnhof, der acht Kilometer entfernt liegt.

Auf dem Weg dorthin zerbeißt ein alter Mann eine Zyankaliampulle und sackt leblos in sich zusammen.

»Ein dreckiger Saudeutscher weniger!« höhnt einer der Soldaten und befördert ihn mit einem Fußtritt in den Straßengraben.

»Schäm dich!« wagt eine alte Frau zu sagen. Sie ist groß und hat ein würdevolles Auftreten. »Habt ein wenig Respekt vor einem Toten ...«

Der Angesprochene tritt auf sie zu und blickt sie drohend an.

»Lebendig oder tot«, knurrt er, »ihr Deutschen bringt mich alle zum Kotzen!«

Ernst und Maria, meine Großeltern väterlicherseits, wurden in Viehwagen über die Grenze geschafft und in einem Flüchtlingslager der amerikanischen Besatzungstruppen in Bayern untergebracht. In der ersten Zeit arbeiteten sie beide bei einem Bauern: Mein Großvater molk die Kühe und säuberte den Stall, meine Großmutter half in Haus, Küche und Gemüsegarten. Über alte Bekannte erfuhren sie, daß in Attersee ein Hausmeisterehepaar für ein ehemaliges Pfadfinderheim gesucht wurde; sie bewarben sich um die Stelle, und es klappte. Auf diese Weise kamen sie zu einem Visum, das ihnen erlaubte, nach Österreich zurückzukehren. Dort trafen sie im Frühling 1948 ein.

Kaum hatte ich ihr Haus am Attersee betreten, erfüllte mich zum ersten Mal seit langer Zeit ein Wohlgefühl.

Ich war elf Jahre alt; die Nazis hatten mich um

meine Kindheit betrogen, Bomben, Hunger und Angst saßen mir noch in den Knochen, und die zweite Frau meines Vaters machte keinen Hehl daraus, daß sie mich nicht mochte. Und doch war ich jetzt, da ich in die Arme meiner Großeltern zurückgefunden hatte, rundherum glücklich.

Das Haus erschien mir wundervoll, obwohl es eigentlich nicht schön war, im Gegenteil, es sah etwas schäbig aus. Aber es war rustikal und solide wie eine weise alte Bäuerin. Von außen wirkte es nicht sehr groß, innen aber war es sehr geräumig.

Da es vorher ein Ferienheim für Pfadfinder gewesen war, gab es im oberen Stock noch immer mehrere Schlafsäle, einen großen und zwei kleinere, mit vielen aneinandergereihten Etagenbetten. Wir schliefen auf einfachen Strohsäcken, die herrlich dufteten. Und wir schliefen ausgezeichnet. Kein Wunder bei dem, was mein Bruder und ich durchgemacht hatten. Monatelang hatten wir in einem eisigen, dunklen Keller gehaust, ohne hinauszukönnen, ohne je den Himmel zu sehen, ohne Lebensmittel und Trinkwasser, ohne Gas zum Kochen. Und über uns nichts als Bombenlärm, Tag und Nacht.

Die Strohsäcke waren demnach für uns der reinste Luxus. Unter einem von ihnen fanden wir ein Pfadfinderabzeichen und malten uns aus, wem es wohl gehört haben mochte. Für Peter mußte es unbedingt ein großer, blonder Junge mit blauen Augen gewesen sein; ich stellte mir lieber einen kleinen, dunkelhaarigen mit schwarzen Kulleraugen vor. Ich hatte genug vom arischen Musterknaben, wie er von den Nazis propagiert worden war. Und überhaupt fand ich, daß sie sich am Ende nicht gerade ruhmreich geschlagen hatten, diese angeblich so tollen Arier, so sehr ihnen auch eingehämmert worden war, ihr Vaterland bis auf den letzten Tropfen Blut zu verteidigen.

Das weiß gekalkte Haus meiner Großeltern, dessen oberes Stockwerk direkt unterm Dach lag, stand mitten in einem großen Garten, in dem es neben prächtigen Nuß- und Apfelbäumen auch rund ein Dutzend wilder Birnbäume gab. Hinter dem Haus befanden sich der Gemüsegarten und die Hasenställe. Der See war nur wenige Meter von der Stirnseite des Hauses entfernt, man brauchte nur eine Wiese zu überqueren, und schon war man am Ufer, von dem ein Holzsteg aufs Wasser hinausführte. Der quer über die Vorderfront verlaufende Balkon mit dem hübsch geschnitzten dunklen Holzgeländer quoll in diesem Sommer förmlich über von Geranien; sie waren der ganze Stolz meiner Großmutter – ein wundervoller Anblick.

Es gab auch einen Wachhund, er hieß Putzi und war ein ausgesprochen nobler Mischling. Putzi und ich verstanden uns prächtig. Wenn er mich kommen sah, machte er akrobatische Luftsprünge und bellte vor Freude. Er wollte, daß ich ihm auf den Rücken klopfte, je kräftiger, desto besser, dann schloß er die Augen und hörte nicht auf, genüßlich zu jaulen.

Das Erdgeschoß bestand aus einem einzigen Raum, dem ehemaligen Speisesaal. Meine Großeltern hatten dort einen großen Tisch mit Stühlen aufgestellt, eine alte Pendeluhr, eine Truhe, eine vom Großvater gezimmerte rustikale Kredenz, mehrere Regale aus grobem Holz, einen sogenannten türkischen Diwan, den sie bei einem Trödler erstanden hatten, Großvaters Nähmaschine (er war Schneider gewesen und erledigte noch immer die eine oder andere Näharbeit) sowie einen riesigen Herd, auf dem früher das Essen für die Pfadfinder zubereitet worden war. Einen Kamin gab es nicht, dafür aber einen großen Holzofen.

Ich verliebte mich sofort in dieses Haus. Es war warm, hatte etwas Beschützendes und strahlte Frieden aus. Und das war es, wonach mein Bruder und ich uns sehnten. Unsere Kindheit war vom Krieg zerstört worden, jetzt mußten wir genesen, normale Kinder werden, mit einem normalen Verhalten, einer gesunden Gesichtsfarbe und einem Körper, der kräftig und widerstandsfähig statt abgezehrt und ausgemergelt war.

Die Großmutter wurde nicht müde, uns zum Essen anzuspornen: »Eßt, Kinder, eßt!« Ich sehe sie noch vor mir, wie sie sich den dicken Laib Bauernbrot an die Brust drückt und mit dem Messer lange Scheiben abschneidet, auf die wir Butter, Marmelade oder Honig strichen – Dinge, die ihr der Bauer vom Nachbarshof dafür gab, daß sie ihm zwei Stunden pro Tag in Stall, Küche und Obstgarten aushalf. Sie war immer sehr beschäftigt, meine Großmutter. Papas Frau Ursula dagegen rührte keinen Finger. Wenn sie ausnahmsweise einmal das Geschirr abwusch, tat sie es mit Leidensmiene. Sie fühlte sich als Opfer, weil es sie in ein abgelegenes Dörfchen verschlagen hatte, in dem sie sich nach eigenen Angaben vorkam wie lebendig begraben. Wie lebendig begraben – die Ärmste! Ich konnte es nicht fassen – für mich war dieser Ort das Paradies auf Erden.

Als wir ankamen, war es Winter, aber Peter und ich hatten trotzdem unseren Spaß. Wir gingen ans Ufer des Attersees und zählten die Pfosten des langen Bootsstegs, der im Sommer unsere größte Freude sein würde; oder wir schlossen uns in dem kleinen Blockhaus ein und spielten Familie. Nur daß Peter nie Papa oder Kind sein wollte. Er wollte immer nur der Wachhund sein, krabbelte auf allen vieren herum und bellte und hechelte wie Putzi.

Ich hatte das Bedürfnis, immer wieder tief durchzuatmen. Manchmal schnüffelte ich an meinen Armen, um festzustellen, ob ihnen immer noch dieser häßliche Asche- oder Brandgeruch anhaftete. Ich sehnte mich nach Sauberkeit und Reinheit, nach klarer Luft und einem blanken Himmel. Nach unverdorbenen Gerüchen.

Das Haus meiner Großeltern war für mich die Quintessenz des Reinen, das ich suchte – es verkörperte eine Realität ohne Lügen. Eine Realität, die »wahr« und ungetrübt war, nicht verlogen wie die, der wir uns in Berlin stellen mußten. Ich wollte leben und eine neue, wahre und saubere Welt entdecken, eine Welt, die anders war als die Welt meiner Kindheit mit ihrer Gewalt, ihren Lügen und ihren falschen Erwartungen. Ich wollte die Wahrheit, und ich wollte sie in diesem Haus finden; aber ich wollte auch gefunden werden.

Von meinem Vater zuallererst. Er hatte mich noch nicht gefunden, schien ständig hin und her gerissen zwischen seiner Frau, die mich ablehnte, und seiner Vaterliebe, die er nicht zu zeigen wagte.

Ich suchte Reinheit, und ich wollte meine Alpträume loswerden. Nachts träumte ich noch immer von Leichenbergen, einstürzenden Häusern und Straßenfluchten, die nicht wiederzuerkennen waren, die angefüllt waren mit Trümmern, Pferdekadavern und all den tausend Dingen, die wie Eiter aus den Kriegswunden der Stadt quollen.

Ich wollte genesen. Vom Morast dieses Krieges, der in uns, den Überlebenden, etwas Schmieriges, Krankes hinterlassen hatte. Ich sehnte mich nach einem reinen Horizont, und das Haus meiner Großeltern bot mir genau das: einen unendlich weiten, strahlenden und wahren Horizont. Ganz so idyllisch war die Geschichte dieses Hauses jedoch nicht, wie ich schon bald erfahren mußte. Auch diese Mauern hatten das Böse erlebt.

Es war an einem Wintersonntag. Still und kalt lag der See da, und er war schön. Er hatte etwas Beruhigendes und Erhabenes, eine leise Poesie ging von ihm aus. Mein Bruder und ich spazierten schweigend am Ufer entlang.

Plötzlich schlug das Wetter um, eisige Böen fegten über das Wasser und kündigten den nahenden Regen an. Wir beschlossen, lieber nach Hause zu gehen. Das Auto vor dem Tor bemerkte ich erst, als wir den Hof betraten – es war ein alter schwarzer Volkswagen mit Scheinwerfern so groß wie Melonen. Die Insassen reckten die Hälse und starrten zu den Fenstern im ersten Stock hinauf.

Genau in diesem Moment trat mein Großvater aus dem Schuppen. Er ging auf den Wagen zu.

Der Fahrer, ein alter Herr mit schütterem weißem Haar, kurbelte das Fenster herunter und sagte freundlich: »Guten Morgen!«

»Guten Morgen!« erwiderte mein Großvater ebenso freundlich. »Kann ich Ihnen helfen?«

Der Mann öffnete die Wagentür und stieg aus. Nach ihm verließen zwei Frauen das Auto, eine, die ungefähr seines Alters war, und eine junge um die Zwanzig. Die jüngere hatte einen scheuen, fast ängstlichen Blick und wirkte sehr mager in ihrem dünnen grauen Mantel. Sie blickte meinen Großvater mißtrauisch an und schlug gleich wieder die Augen nieder, wie um sich vor den aufdringlichen Blicken eines Fremden zu schützen.

»Wir haben uns nur das Haus angeschaut«, erklärte der Mann. Seine Frau nickte mit einem halbherzigen Lächeln und starrte dann wieder zu den Fenstern hinauf. Die jüngere tat es ihr nach.

»Gerda wollte noch einmal hierherkommen«, fügte der Mann beinahe entschuldigend hinzu.

»Waren Sie denn schon einmal hier?«

Die junge Frau zuckte wie unter einem Peitschenhieb zusammen und riß die Augen auf, aber sie brachte kein Wort heraus. Am Ende gelang es ihr nur, ein paarmal zu nicken.

»Wann?« fragte mein Großvater.

»Ich wurde ... 1942 hier gefangengehalten«, flüsterte sie. Danach wurde ihre Stimme etwas fester.

»Die Nazis haben das Haus als Sammelstelle für Gefangene benutzt, die später ins KZ kamen.« Als sie den verblüfften Blick meines Großvaters bemerkte, fragte sie: »Wußten Sie das nicht?«

»Nein, bei Gott«, entgegnete mein Großvater verwirrt.

Darauf ergriff der alte Mann das Wort:

»Nach dem Anschluß hat die SS das Pfadfinderheim für ihre Zwecke verwendet und hier Gefangene festgehalten – vorwiegend aus dem österreichischen Widerstand. Meine Tochter – Gerdas Mutter – und meine Enkelin gehörten dem Widerstand an und wurden bei einer Razzia in Graz verhaftet.«

Mein Großvater wirkte zutiefst betroffen.

»Wie alt waren Sie damals?« fragte er die junge Frau. Ihre Stimme klang zittrig, als würde sie jeden Moment in Tränen ausbrechen.

»Vierzehn.«

»Und dann? Was passierte dann?«

Die junge Frau senkte erneut den Blick und kreuzte fröstelnd die Arme vor der Brust.

Da beschloß mein Großvater, die Fremden ins Haus zu bitten. »Kommen Sie doch einen Augenblick herein«, sagte er in herzlichem Ton. »Meine Frau macht Ihnen einen schönen heißen Kaffee.«

Die Turmuhr einer nahen kleinen Kirche schlug elf.

Meine Großmutter reichte den Gästen Kaffee und Apfelkuchen. Mein Bruder, den die Unbekannten offensichtlich nicht besonders interessierten, fragte, ob er zu seinem Freund Jörgl gehen dürfe, der ganz in der Nähe wohnte. Er bekam die Erlaubnis und rannte hinaus.

»Um eins wird zu Mittag gegessen!« rief ihm die Großmutter nach. Mein Vater und meine Stiefmutter waren unterwegs.

Den Gästen schienen der Kaffee und der leckere Kuchen meiner Großmutter sehr zu schmecken. Mir fiel auf, daß Gerda immer wieder zur Treppe hinüberschielte, die in den ersten Stock führte.

Das mußte auch mein Großvater bemerkt haben, denn irgendwann fragte er sie ganz direkt, ob sie vielleicht nach oben gehen wolle.

Die junge Frau nickte erbleichend.

»Gehen Sie ruhig«, meinte er freundlich. »Helga kann Sie ja begleiten.«

Das mußte er mir nicht zweimal sagen. Ich stand sofort auf und stieg, Gerda voraus, die Treppe hinauf.

Als wir oben waren, blieb ich stehen und lächelte, Gerda aber verzog keine Miene und steuerte zielstrebig den großen Schlafsaal an.

»Darf ich rein?« fragte sie vor der Tür. Ihr Atem ging stockend.

»Klar!«

Als wir im Zimmer waren, ging sie entschlossen auf eins der Stockbetten zu, das letzte in der Reihe. »Hier haben meine Mutter und ich geschlafen«, sagte sie und drehte sich nach mir um. »Ich oben und meine Mutter unten.«

Der Klang ihrer Stimme war dumpf und schmerzvoll.

»Mama erwartete ein Kind«, sagte sie, wobei sie erneut die Arme um ihren Körper legte. »Aber damals sah man es noch nicht. Schlimm wurde es erst, als sie uns ins Lager brachten.«

»Ins Lager?« fragte ich.

»Ja, ins KZ«, erwiderte sie mit einer Spur Ungeduld in der Stimme. »Das schrecklichste von allen.«

»Welches?«

»Auschwitz.«

»Ihr wart in Auschwitz?«

»Ja, das waren wir. Genau dort ...«

Ich erschrak bei diesem Namen. Meine Großeltern hatten mir das eine oder andere über Auschwitz erzählt. Ich wußte, daß dort Juden vergast worden waren. Das hatte man nach dem Krieg auch in Berlin erzählt. Die Frauen in den Geschäften fragten sich hinter vorgehaltener Hand, ob man es glauben konnte, daß in Auschwitz wirklich so viele Juden umgebracht worden waren.

»Aber wir sind nicht direkt dorthin gekommen«, fuhr Gerda fort. »Von hier haben sie uns zuerst nach Salzburg gebracht – alle achtzig Männer, Frauen und Kinder, die in diesem Raum gewesen waren. Sie haben uns auf drei Lastwagen zusammengepfercht. Außer mir gab es noch drei Jungen, die so alt waren wie ich.«

»Und in Salzburg?«

»In Salzburg hat man uns in einen Güterzug gesteckt, in Viehwaggons ...«

»Und dann?«

Sie sah mich einen Moment lang zögernd an.

»Nein, du bist noch zu jung für diese Dinge«, sagte sie schließlich. Sie hatte unten, in der Küche, ihren Mantel ausgezogen und trug ein grünes Wollkleid. Sie war nicht wirklich hübsch, aber ihre Augen hatten etwas, das mich sehr beeindruckte: eine stille Traurigkeit, wie von einem erstickten oder unterdrückten Schmerz. Als wollte sie mir die Wunde in ihrem Blick nicht zeigen.

»Ich bin schon elf«, protestierte ich.

»Du bist ein kleines Mädchen.«

»Und ich habe in Berlin viel Schlimmes erlebt!« erklärte ich mit Nachdruck.

»Du warst in Berlin?«

»Ja, dort bin ich aufgewachsen. Mitten im Krieg. Einmal habe ich eine Frau ohne Kopf gesehen. Ich kam gerade aus dem Internat zurück. Es gab einen Fliegerangriff. Ich bin mit meiner Tante Hilde auf der Straße gegangen, und da hat vor uns plötzlich eine Granate eingeschlagen und einer Frau den Kopf abgerissen. Richtig abgerissen. Ich hab' ihn auf dem Boden liegen sehen. Es war ...«

Sie streichelte meine Wange.

»Armes Kind ...«

Aber ich war plötzlich nicht mehr zu bremsen.

»... Und ich hab' auch gesehen, wie die Russen in unserem Keller die beiden Mädchen vergewaltigt haben. Ich hab' alles gesehen. Sie wollten, daß wir zuschauen. Auch mein kleiner Bruder hat es gesehen, er war damals erst fünf. Wir haben alles gesehen. Wie sie sich die Hosen runtergezogen haben und ...«

Gerda zog mich an sich.

»Still ... Sag nichts mehr.«

Eine Weile blieben wir so stehen, eng umarmt. Ich nahm ihren Geruch wahr, er war frisch wie der einer grünen Wiese.

Dann setzten wir uns auf den Dielenboden vor der Balkontür.

»Ich will versuchen, dir von Auschwitz zu erzählen«, sagte Gerda nach langem Überlegen.

Auschwitz, 1942

Gerda und ihre Mutter waren aus purem Zufall im selben Block gelandet. Das war ein Glück, weil sie sich so gegenseitig ein wenig stützen konnten. Eigentlich hätte die Mutter, als sie registriert wurden, angeben müssen, daß sie schwanger war. Dies zu verheimlichen war streng verboten, aber sie tat es trotzdem, weil sie fürchtete, sonst zur Abtreibung gezwungen zu werden. Wenn sie es bis zum sechsten Monat schaffte, würde sie das Kind vielleicht auch ganz austragen dürfen – so hoffte sie. Allerdings vergeblich: Die Anordnung, Neugeborene von nichtjüdischen Müttern am Leben zu lassen, trat erst 1943 in Kraft.

Mutter und Tochter lebten in der beständigen Angst, die SS könne die Schwangerschaft entdecken. Doch sorgte die karge Lagerkost dafür, daß man Gerdas Mutter noch im fünften Monat kaum etwas ansah.

Gerda erzählte mit geistesabwesender Stimme:

»Jeden Abend nach der Arbeit war Appell. Meine Mutter mußte von früh bis spät Gräben ausheben, eine wahnsinnig harte Arbeit. Ich lebte in der ständigen Angst, daß sie eines Abends nicht mehr zurückkommen würde. Die Vorarbeiterinnen waren wie die Aasgeier, das wußte ich. Wenn sie merkten, daß eine Gefangene kränkelte oder schwächer war als die anderen, wurde sie unter Umständen direkt ins Krankenrevier geschickt, zur Karbolsäurespritze …«

Gerda stockte, als wäre sie plötzlich in die Gegenwart zurückgekehrt.

»Entschuldige, das wollte ich dir nicht erzählen«, meinte sie und sah mich bedauernd an.

»Das mit der Spritze? Was war damit?«

Gerda zögerte noch einen Moment, dann rückte sie damit heraus: »Man bekam sie direkt ins Herz.«

»Und dann … dann …«

»Dann starb man. Einen entsetzlichen Tod. So etwas wie diese Spritze können sich nur Sadisten ausgedacht haben. Leute, die hier oben krank sind.« Sie tippte sich mit dem Finger an die Stirn.

»Haben sie das … mit deiner Mutter auch gemacht?«

»Nein«, sagte sie. »Das nicht. Aber etwas anderes.«

Sie hielt inne. Draußen hatte es zu regnen begonnen. Wir hörten das dumpfe Geräusch der Tropfen auf dem Balkonboden.

»Ich war einem anderen Kommando zugeteilt«, fuhr Gerda schließlich in dem gleichen abwesenden Ton fort. »Einem Kommando, das ausschließlich aus Minderjährigen bestand ... Wir waren Mädchen zwischen zwölf und sechzehn Jahren und wurden für verschiedene Arbeiten eingesetzt – Latrinen putzen, Kartoffeln schälen in der Küche, Uniformen flicken oder stopfen und ähnliches. Aber ich war mit den Gedanken nie bei der Sache. Ich mußte dauernd an meine Mutter denken, daran, daß sie schwanger war und deshalb anfälliger als die anderen Frauen. Ich fürchtete, daß irgendeine kleine Schwäche sie verraten könnte. Die Vorarbeiterinnen waren grausam, aber noch viel schlimmer waren die Aufseherinnen, die zum Militärkorps der Lagerwache gehörten. Sie waren die reinsten Bestien, ich habe sie gehaßt. Eine von ihnen mochte meine Mutter nicht und ließ sie nicht aus den Augen ... Und eines Tages wurde sie tatsächlich krank. Es war kalt dort, fast jeden Tag hat es ein paar Stunden geregnet. Unsere Häftlingskleider waren oft völlig durchnäßt, und trocknen durften wir sie nicht. Mama hatte seit Tagen Halsschmerzen, und eines Abends kamen hohes Fieber und Schüttelfrost dazu. Sie zitterte so heftig, daß ich grauenvolle Angst hatte, die Aufseherin würde etwas merken. Und genau so kam es. Am nächsten Morgen wurde meine Mutter von der, die es auf sie abgesehen hatte, zur frauenärztlichen Untersuchung geschickt. Diese Kuh mußte etwas bemerkt haben.«

»Und ...?«

»Ja. Es kam raus, daß Mama schwanger war – mittlerweile im siebten Monat.«

Gerda stand auf und öffnete die Balkontür. Ein

frischer Windstoß fegte den Geruch nasser Erde herein.

»Sie machten ihr einen Kaiserschnitt ... Sie holten das Kind aus ihrem Bauch und ertränkten es in einem Kübel Eiswasser. Mama starb zwei Tage später.«

Bevor sie wieder abfuhren, gab Gerda mir ihre Adresse. Wir hatten mehrere Jahre engen Briefkontakt – vor allem in der Zeit, in der ich aufs Internat ging, in das ich 1951 auf Betreiben meiner Stiefmutter geschickt wurde. Nach 1954 bekam ich keine Antwort mehr auf meine Briefe. Eine Internatsmitschülerin aus Graz stellte für mich Nachforschungen an und brachte heraus, daß Gerda einen Schweden geheiratet hatte und mit ihm nach Schweden gezogen war. Ihre dortige Anschrift habe ich nicht herausgefunden.

Danach liebte ich das Haus noch mehr.

Ja, nachdem ich erfahren hatte, daß nicht einmal das Haus meiner Großeltern, dieser Hort der Reinheit und des Anstands, vom Bösen verschont geblieben war, liebte ich es noch mehr. Und ich liebe es noch heute. 1999 bin ich nach Attersee gefahren, nur um es wiederzusehen. Geschichten und Schicksale, Wiedervereinigungen und Abschiede sind in diesem Haus untrennbar miteinander verwoben.

Seine Name war »Möwenhort«.

Attersee, Österreich, Juni 1949

Es war ein strenger Winter gewesen, der See war in Ufernähe gefroren, aber im März hatten wir entlang der Bäche die ersten Schneeglöckchen hervorlugen sehen.

Mein Bruder und ich besuchten die kleine Dorfschule (ich mußte das im Krieg verlorene Jahr nachholen und ging deshalb noch auf die Volksschule), ein altes, zweistöckiges Gebäude, das auf einer Anhöhe hinter der friedlichen Ortschaft lag – genau gegenüber der Kirche. Sie war eine halbe Stunde Fußmarsch von zu Hause entfernt. Die Bänke waren uralt und die Toilette ein altes Plumpsklo aus Holz, aber es herrschte eine ausgesprochen fröhliche Atmosphäre. In der Pause ging man in den Hof und aß seine von zu Hause mitgebrachte Jause. Von dort oben konnte man den See betrachten, der immer mit weißen Punkten, den Segeln der Boote, gesprenkelt war, und genau unter uns das Dörfchen Attersee. Für mich hatte es in diesem Schuljahr nur einen kritischen Moment gegeben, als nämlich meine Lehrerin – eine junge Frau mit Apfelbäckchen – mich gebeten hatte, vor zwei versammelten Klassen über den Krieg in Berlin zu erzählen; ich tat es, genierte mich dabei aber sehr.

Und jetzt standen uns endlich der Sommer und die großen Ferien bevor! Wir waren ganz euphorisch. Kein Aufstehen in aller Herrgottsfrühe mehr, kein Schulweg durch den Schnee, keine Hausaufgaben, kein Einmaleins. Ab jetzt gab es nur noch Sonne, See und Vergnügen.

Ein schöneres Leben hätte ich mir damals nicht wünschen können, und wäre es nach mir gegangen, dann wäre es immer so geblieben. Ich lebte in einer zauberhaften Umgebung, gemeinsam mit meinen Großeltern, meinem Bruder und meinem Vater. Einem Vater, den ich heiß und innig liebte, obwohl er mir immer wieder das Gefühl gab, ein Hindernis zwischen ihm und seiner Frau zu sein. Diese machte nach wie vor einen schrecklich gelangweilten Eindruck. Sie konnte sich einfach nicht an Attersee gewöhnen und nannte mein kleines Paradies ein »ödes Kuhnest«. Als sie diesen Ausdruck einmal in Gegenwart meines Großvaters gebrauchte, nahm auch er kein Blatt mehr vor den Mund und nannte sie ein »undankbares Weib«.

Eines Abends kündigte uns der Großvater für den nächsten Tag den Besuch seiner Großnichte an: Sie werde ihren Sohn bringen, der bei uns die Sommerferien verbringen sollte. Während mein Großevater uns das mitteilte, war sein Gesicht ungewöhnlich ernst.

Ludwika Linke, so hieß die Großnichte, hatte einen Bauern aus Ostpreußen geheiratet, der im Winter 1944 gefallen war. Sie selbst würde nur drei Tage in Attersee bleiben, danach mußte sie nach Hamburg zurück, wo sie nach dem Krieg Arbeit in einem Restaurant gefunden hatte; damit hielt sie sich und ihren Sohn Kurt über Wasser.

Mein Großvater fügte noch hinzu, daß wir sehr rücksichtsvoll und geduldig mit Kurt sein mußten, denn der Junge – er war ein Jahr älter als ich – hatte schwere Probleme. Er war traumatisiert, wie es mein Großvater nannte. Peter und ich wußten zwar nicht genau, was das hieß, aber wir versprachen trotzdem, den Sommerfrischler nett zu behandeln.

Am nächsten Tag holten Peter, der Großvater und ich unsere Gäste am Bahnhof ab. Kurt war wirklich etwas eigentümlich, das sah man ihm auf den ersten Blick an. Er ging immer mit gesenktem Kopf und vermied es, uns in die Augen zu schauen. Auch die Umgebung schien ihn nicht im geringsten zu interessieren: Er warf keinen einzigen Blick auf das Haus, den Garten oder den See, der friedlich glänzend dalag.

Ludwika dagegen gefiel mir auf Anhieb. Sie hatte etwas Schlichtes, Bäuerliches, mit ihrem langen, um den Kopf geschlungenen blonden Zopf. Und sie hatte ein unglaublich gewinnendes Lächeln. Ich fand, daß sie meinem Großvater ähnlich sah.

Kurt brachte den ganzen Heimweg über kein Wort über die Lippen. Ludwika dagegen beteuerte dem Großvater ein ums andere Mal, wie dankbar sie ihm dafür war, daß Kurt die Sommerferien bei uns verbringen durfte.

Zu Hause wurden die Neuankömmlinge auch von meinem Vater und der Großmutter aufs herzlichste empfangen, aber Kurt zog sich sofort in eine Ecke zurück, als gingen wir ihm auf die Nerven. Am liebsten hätte er sich in den hintersten Winkel des Hauses verkrochen, das sah man ihm an, und so sehr sich die Großen auch bemühten, ihm ein Lächeln zu entlocken, seine Miene blieb reglos und verschlossen.

Mir war die Sache unbegreiflich. Warum guckte er so grimmig? Wir hatten ihm doch nichts getan!

Später aßen wir zusammen Mittag, und es war eine wahrhaft prächtige Tafel. Trotzdem hob Kurt während des gesamten Essens die Nase nicht vom Teller und sprach mit niemandem. Aber wir wußten ja, daß er ein bißchen seltsam war, und deshalb ließen wir ihn in Ruhe.

Peter rannte gleich nach dem Essen wie ein geölter Blitz davon – sein Freund Jörgl wartete am See auf ihn. Auch ich wäre gern schwimmen gegangen, mußte mich aber leider um Kurt kümmern.

Die Sache war mir alles andere als recht, aber ich hatte Großvater versprochen, nett zu sein, und deshalb schlug ich Kurt vor, ihm den Gemüsegarten meiner Großmutter zu zeigen in der Hoffnung, daß wenigstens der ihm gefallen würde. Kurt sah nichts. Weder die grünen Bohnen an den langen Stangen, noch die schönen, rosaroten Rhabarberstengel. Er starrte die ganze Zeit über nur stumm auf die Gießkanne, die neben dem Brunnen stand. Als wäre er eingeschnappt.

»Du magst Gemüsegärten wohl nicht, was?« meinte ich enttäuscht. Ich selbst fand den Gemüsegarten meiner Großmutter herrlich.

Endlich hob er den Kopf, und ich konnte ihm zum ersten Mal richtig ins Gesicht sehen. Er hatte graublaue Augen und stark hervortretende Wangenknochen, die seine untere Gesichtshälfte noch magerer und kantiger erscheinen ließen, als sie eh schon war. Für sein Alter war er ziemlich groß, und er hatte schöne blonde Locken. Der bittere Zug um seinen Mund machte es ihm unmöglich zu lächeln, und sein Gesichtsausdruck war mürrisch und düster.

Ein paar Sekunden lang sah er mich mit großen Augen an, dann stieß er mich zur Seite und rief wütend: »Was willst du von mir?« und stapfte auf die Birnbäume zu.

Da stand ich nun. Das fängt ja gut an, dachte ich. Der ist wirklich ein harter Knochen. Schließlich trottete ich ihm dann doch hinterher.

Kurt empfing mich mit verächtlichem Gesicht.

»Unsere Birnen waren eßbar«, sagte er, wobei er auf einen der Birnbäume deutete. »Die hier sind nichts wert. Das sind wilde Birnen, steinhart.«

»Wo hattet ihr eure Birnbäume denn?« fragte ich ihn lustlos. Trotz aller guten Vorsätze war ich bereits verärgert.

»Zu Hause«, erwiderte er dumpf. »In Preußen.«

»Mein Opa macht aus unseren Birnen Most«, sagte ich hochmütig.

Erneut diese verächtliche Grimasse. »Birnenmost? Meiner hat Apfelmost gemacht. Das ist der richtige!«

»Wo ist dein Opa?« wagte ich zu fragen, aber statt einer Antwort bekam ich nur einen Fußtritt.

»Du gehst mir auf die Nerven!« schrie er mit rauher Stimme, und ich merkte zu meiner Verwunderung, daß er drauf und dran war, in Tränen auszubrechen. »Ich lasse mich nicht verhören!«

»Ich wollte dich nicht verhören«, erwiderte ich beleidigt.

An diesem Punkt sah er mich feindselig an und sagte langsam, jede einzelne Silbe betonend: »Du gefällst mir nicht. Hau ab.«

Im ersten Moment verschlug es mir die Sprache. Ich überlegte mir fieberhaft, was ich diesem unverschämten Kerl erwidern, wie ich ihn treffen konnte, dann schrie ich ihm meine Abneigung offen ins Gesicht: »Du gefällst mir auch nicht! Was willst du hier? Geh doch zurück nach Deutschland!« Mit diesen Worten rannte ich ins Haus.

In der Küche stieß ich auf Großmutter. Sie merkte sofort, daß etwas mit mir nicht in Ordnung war. »Was ist passiert, Schatz?«

»Mit diesem dummen Kurt rede ich nicht mehr«, verkündete ich mit fester Stimme. »Er hat gesagt, daß ich ihm nicht gefalle!«

Meine Großmutter drückte mich auf einen der Stühle, die um den Tisch standen, und ließ sich mir gegenüber nieder.

»Hör zu, Helga«, hob sie mit ruhiger Stimme an. »Du hast doch gehört, was Opa gesagt hat, nicht? Du mußt sehr, sehr viel Geduld mit Kurt haben ... Versprichst du mir das?«

»Ich weiß nicht«, erwiderte ich mit meiner gewohnten Offenheit.

»Kurt hat viele Probleme«, sagte sie so ernst, als spräche sie mit einem Erwachsenen.

»Was für Probleme?«

»Kurts Familie mußte aus ihrem Dorf in Ostpreußen fliehen. Auf der Flucht sind schlimme Dinge passiert, Kurt hat sehr gelitten. Er war erst neun, der arme Junge.«

»Und er leidet immer noch?«

»Ja, hier«, sagte die Großmutter und legte die Hand aufs Herz.

»Ist er herzkrank?«

»Seine Seele ist krank, Helga. Aber er wird behandelt. Früher oder später wird er wieder gesund.«

»Aber die Seele kann man doch gar nicht sehen, Oma. Wie kann er da behandelt werden?« fragte ich verwirrt, denn selbst wenn ich wenig über die Seele wußte, dessen war ich mir sicher.

»Die Seele nicht, aber die Krankheit kann man sehr wohl sehen«, erwiderte meine Großmutter bekümmert. »Man kann sie an seinem Verhalten ablesen. Unser Verhalten verrät, ob unsere Seele und unser Geist gesund sind oder krank.«

»Stimmt, er verhält sich komisch.«

»Siehst du? Er verhält sich komisch. Das ist auch dir aufgefallen. Es ist uns allen aufgefallen. Ich möchte, daß du ihm hilfst. Daß du ihm eine Freundin bist.«

»Er hat mich aber geärgert«, maulte ich.

»Ich weiß, Schatz, aber ich bitte dich noch einmal, Geduld mit ihm zu haben.«

Mir gefiel diese Geschichte überhaupt nicht. Ich hatte mich so auf die Ferien gefreut, und jetzt bekam ich diese lästige, undankbare Aufgabe übertragen.

Aber die Augen meiner Großmutter waren so vertrauensvoll:

»Versprichst du deiner alten Oma, daß du nett und geduldig mit Kurt bist?«

Ich schluckte. »J...ja«, stammelte ich schließlich. Aber ich war alles andere als überzeugt.

Am Abend vor ihrer Abfahrt erzählte Ludwika von den Schwierigkeiten, auf die sie im Nachkriegsdeutschland gestoßen war. Viele Westdeutsche waren den Massen von Flüchtlingen und Vertriebenen aus dem Osten alles andere als freundlich gesonnen gewesen: Sie hatten nicht einsehen wollen, daß sie das wenige, das übriggeblieben war – Lebensmittel, Arbeit, Wohnungen –, auch noch mit ihnen teilen sollten.

»Im Grunde kann ich sie ja verstehen«, seufzte Ludwika. »Westdeutschland war vom Krieg zerstört und wirtschaftlich ruiniert. Die Leute lebten inmitten von Trümmerhaufen und Leichenbergen. Sie hatten selbst nichts – was sollten sie da noch abgeben? Wir waren für sie wie Parasiten, wie Banditen, die ihren Brüdern die letzten Brotkrumen klauten. Und das alles, weil Deutschland Hitler wollte.«

Berlin, 1945

Es war an einem Nachmittag, wenige Tage nach Kriegsende.

Wir befanden uns im Hinterhof unseres Berliner Mietshauses, das zwar bombardiert worden war, aber glücklicherweise noch stand, als plötzlich der Vater meiner Stiefmutter, den ich Großvater nannte, zu mir kam und sagte: »Helga, der Führer ist tot.«

Ich glaube, ich starrte ihn völlig verdattert an, hatte ich den Führer doch erst ein paar Monate zuvor mit eigenen Augen gesehen; gut, da hatte er ziemlich angeschlagen gewirkt, aber beileibe nicht wie jemand, der kurz vor dem Tod steht. Und dann sein Blick, so scharf und durchdringend, so fest ... Nein, ein Sterbender war das nicht gewesen!

»Das glaube ich nicht«, antwortete ich deshalb ganz entschieden.

»Es stimmt aber«, gab mein Großvater zurück. »Und es ist ein Segen für uns alle.«

Ich hatte trotzdem meine Zweifel und blickte nachdenklich in den sonnenbeschienenen Hof, in dem man sich neuerdings nicht mehr vor tieffliegenden Flugzeugen zu fürchten brauchte, die aus der Luft auf einen schossen.

»Ich hab' einen Maikäfer gefunden!« schrie mir mein kleiner Bruder vom Ende der Toreinfahrt zu. »Helga, ich hab' einen Maikäfer gefunden!«

Der Großvater griff mir unters Kinn und blickte mir in die Augen: »Was ist? Glaubst du mir nicht?«

»Unsere Internatsleiterin hat gesagt, Hitler ist ein Teufel«, erwiderte ich zu meiner Rechtfertigung. »Und der Teufel stirbt nie.«

»Das war eine Metapher, Kleines.«

»Eine was?«

»Eine Metapher«, wiederholte der Großvater und erklärte: »So nennt man es, wenn man Ausdrücke nicht wortwörtlich, sondern in übertragenem Sinne gebraucht.«

Ich verstand noch immer nichts.

»Schau mal, wenn ich zum Beispiel Gans zu dir sage, dann heißt das noch lange nicht, daß du ein Federvieh bist, sondern nur ein bißchen dumm – eben wie eine Gans. Klar?«

Ich überlegte eine Weile.

»Jetzt verstehe ich's, glaube ich. Wenn ich Engel zu dir sage, dann meine ich damit auch nicht, daß du Flügel hast und im Himmel wohnst.«

»Siehst du? Jetzt hast du's kapiert.« Der Großvater lächelte zufrieden.

Ich grübelte weiter.

»Opa, du hast gesagt, es ist für uns ein Segen, daß Hitler tot ist. War er denn wirklich so böse?«

»Er war ein Diktator«, erwiderte der Großvater ernst. »Als Diktator hat er uns die Freiheit geraubt, er hat uns in einen fürchterlichen Krieg gezwungen und er hat viele Millionen Tote auf dem Gewissen.«

»Die Internatsleiterin hat gesagt, der Führer schürt den Rassenhaß«, erzählte ich. Dann sah ich ihm fest in die Augen: »Und als wir im Bunker waren, hat eine Frau gesagt, daß er die Juden in Lager schickt, wo sie vergast werden.«

Mein Großvater nickte nur, dann deutete er auf einen Büschel Margeriten, um mich abzulenken. Aber ich sah die Blumen nicht an. Mir war plötzlich ein Gedanke gekommen, der mich sehr irritierte.

»Wenn ihr gewußt habt, daß der Führer so böse ist, warum wolltet ihr dann alle, daß Peter und ich zu ihm in den Bunker gehen?«

Er schwieg eine Weile, dann fragte er mich: »Du weißt doch, daß Tante Hilde bei Minister Goebbels im Propagandabüro gearbeitet hat, nicht?«

»Ja. Und Goebbels' älteste Tochter hieß Helga wie ich.«

»Genau. Irgendwann hat Goebbels Tante Hilde gefragt, ob sie wollte, daß du und dein Bruder als kleine Gäste zum Führer dürft.«

»Aber sie hätte doch nein sagen können, oder?« erwiderte ich rasch.

»Nein, Kleines, das hätte sie nicht. Dieses Angebot konnte man nicht ablehnen: Wir wußten, daß ihr euch im Bunker wenigstens einmal satt essen können würdet.«

Dann drehte er das Gesicht weg, aber ich merkte dennoch, daß er sich mit dem Handrücken eine Träne abwischte. Mir zog sich das Herz zusammen; ich hing sehr an ihm und wollte nicht, daß er meinetwegen traurig wurde.

»Macht nichts ...«, sagte ich, ging zu den Margeriten, pflückte eine Blume und überreichte sie ihm. Jetzt war er noch gerührter und sagte mit heiserer Stimme:

»Danke, Kleines.«

Im nächsten Moment aber horchten wir auf.

Jenseits der Trümmerhaufen in unserem Hof lärmten die Russen. Wir hörten ihr Geschrei und ihre patriotischen Lieder.

Berlin war erobert, und die sowjetischen Soldaten feierten euphorisch den Sieg. Sie tanzten in den Straßen, spielten Akkordeon und tranken Wodka. Es war vollbracht – aber Stalin war noch nicht zufrieden. Er wollte Hitler, und er hätte ihn lebend gewollt. Daß angeblich niemand wußte, was aus dem Führer geworden war, ärgerte und empörte ihn. So beauftragte er den Chefspion der 3. Sowjetischen Armee General Gwozd damit, die Leiche Hitlers aufzustöbern – koste es, was es wolle!

»Wir hatten in der Nähe des Führerbunkers Leichen gefunden und brachten Admiral Voss, der unser Gefangener war, dorthin, damit er sie identifizierte«, erklärte General Gwozd vor Jahren in einem Interview im deutschen Fernsehen. »Das erste, was wir sahen, war ein trockengelegter Zementbrunnen voller Leichen. Voss warf einen Blick hinein und meinte, auch Hitlers Leiche zu erkennen, aber als wir die Leiche rauszogen, merkte er, daß er sich getäuscht hatte. Der Tote hatte ein Loch in der Stirn und einen Hitler-Schnurrbart; er hatte keine Schuhe an, nur Socken mit Löchern. Und daß der Führer des Dritten Reichs mit löchrigen Socken umherlief, das kann mir nun wirklich keiner erzählen!«

Drei Tage später, am 5. Mai, wurde eine Einheit der sowjetischen Spionageabwehr mit der Suche nach Hitler beauftragt. In einem Graben nahe dem Hinterausgang des Führerbunkers fand man zwei verkohlte Leichen. Sie waren bis zur Unkenntlichkeit entstellt, trotzdem schlossen die Agenten der Spionageabwehr aus, daß es sich bei einer der beiden Leichen um die Adolf Hitlers handeln konnte, und ließen beide verscharren.

Am 6. Mai erfuhr der sowjetische Geheimdienst von deutschen Gefangenen, daß die Leichen von Hitler und Eva Braun vor ihrer Bestattung verbrannt worden waren. Und so wurde die sofortige Exhumierung der beiden Leichen vom Vortag verfügt.

Elena Rschewskaja von der sowjetischen Spionageabwehr berichtet in einem anderen Interview folgendes: »Wir fanden einen Klumpen verkohlten Fleisches. Das Gesicht des Mannes war absolut unkenntlich. Die Leichenteile wurden in Munitionskisten gepackt und unter strenger Geheimhaltung in die Reichskanzlei geschafft. Kommandant Bersarin hatte rings um das Gebäude Wachen aufgestellt.«

Im folgenden wurden die sterblichen Überreste Hitlers und Eva Brauns in ein Krankenhaus am Stadtrand von Berlin überführt; auch diesmal wurde Admiral Voss geholt, um sie formal zu identifizieren. Der Anblick des Führers auf dem Seziertisch beeindruckte ihn so sehr, daß er wenige Stunden später einen Selbstmordversuch unternahm.

Am 8. Mai, dem Tag der bedingungslosen Kapitulation Deutschlands, wurde die Autopsie der beiden Leichen vorgenommen.

Autopsiebericht Nr. 12
Sektionsbefund: Mann zwischen 50 und 60 Jahren. Größe zirka 1,65 m. Tod durch Zyankalivergiftung. Teile der Hirnschale fehlen. Zunge zwischen den Zähnen eingeklemmt. Halsmuskeln verkohlt. Linker Fuß fehlt. Leiche größtenteils verkohlt und schwer beschädigt.

Autopsiebericht Nr. 13
Sektionsbefund: Frau zwischen 30 und 40 Jahren. Größe zirka 1,60 m. Tod durch Zyankalivergiftung. In der Mundhöhle Reste einer Ampulle gefunden. Riß- und Quetschwunden im Thorax-Bereich. Linker Lungenflügel zerfetzt. Perikard gerissen. Leiche größtenteils verkohlt und schwer beschädigt.

Auch ein im Bunker gefundener Hund wird seziert. Es handelt sich um Hitlers Schäferhund Blondi.

Der entsprechende Autopsiebericht hat die Nummer drei.

An diesem Punkt scheinen alle Zweifel an der Identität der beiden Leichen ausgeräumt. Aber Stalin genügt das noch immer nicht. Er will stichhaltige Beweise. In Fällen wie diesem besteht die einzige Möglichkeit einer sicheren Identifikation in der Gebißanalyse.

Am 11. Mai gelingt es der sowjetischen Spionageabwehr in einem völlig chaotischen, zu achtzig Prozent von den Bomben der Alliierten zerstörten Berlin, die Assistentin von Hitlers persönlichem Zahnarzt aufzutreiben. Die Frau rekonstruiert haargenau sämtliche Eingriffe, die während der vorausgegangenen Jahre an Hitlers Gebiß vorgenommen wurden. Ihre Zeichnungen stimmen perfekt mit dem Gebiß des im Bunker gefundenen Toten überein. Einige Tage später identifiziert die Assistentin auch das Gebiß Eva Brauns.

Elena Rschewskaja von der sowjetischen Spionageabwehr berichtet: »Ich bekam eine mit rotem Satin ausgeschlagene Schachtel überreicht. Eine Vorgesetzte sagte zu mir: Diese Schachtel enthält Hitlers Zähne. Ich unterstelle sie deiner Verantwortung. Du stehst mit deinem Leben für sie ein – hüte sie also gut.«

Ende Mai 1945 erhält Lavrenti Beria, der mächtige Chef der sowjetischen Geheimpolizei, folgenden Abschlußbericht: »Zeugenaussagen, gerichtsmedizinische Gutachten sowie das uns zur Verfügung stehende konkrete Beweismaterial deuten klar darauf hin, daß der deutsche Reichskanzler Adolf Hitler am 30. April in seinem Bunker Selbstmord beging. Zeitgleich hat sich auch seine Frau Eva das Leben genommen.«

Stalin ist enttäuscht. Er wollte Hitler lebend. So setzt er das Gerücht in Umlauf, Hitler wäre einer der Westmächte lebend in die Hände gefallen. Die Engländer sind perplex; Churchill fordert, daß der Fall endgültig geklärt und zu den Akten gelegt wird. Aus diesem Grund entsendet der britische Geheimdienst einen seiner besten Männer nach Berlin: Hugh Trevor-Roper, der später einer der angesehensten Hitler-Biographen werden sollte.

Trevor-Roper sagt: »Die Russen selbst hatten verkündet, daß Hitler tot sei, deshalb wunderte es mich, daß sie nun einen Rückzieher machten. Sie warfen den Engländern sogar vor, daß sie Hitler irgendwo in der britischen Besatzungszone gefangenhielten, um ihn eines Tages gegen die Sowjets zu benützen.«

In der folgenden Zeit fand man im Garten der Reichskanzlei Reste von menschlichen Schädelknochen – vier Fragmente, die perfekt zu Hitlers Schädel paßten. Eins der Fragmente wies das Einschußloch einer Kugel auf.

Alles paßte … und der Fall schien endgültig abgeschlossen.

Die Leichen von Adolf Hitler, Eva Braun und weiteren acht Personen wurden an einem geheimen Ort bei Magdeburg in Ostdeutschland begraben. Dort sollten sie vierundzwanzig Jahre lang verbleiben.

1970 befahl der damalige Chef des KGB, Yuri Andropov, unerwartet die neuerliche Exhumierung der in Magdeburg vergrabenen Leichen. In einem geheimen Brief vom 13. März schreibt er an den Genossen Breschnew: »Im Februar 1946 wurden in der Gegend um Magdeburg die Leichen von Hitler, Eva Braun, Goebbels, dessen Frau und dessen Kindern vergraben. Insgesamt zehn Personen. Wir beraten derzeit über bauliche Maßnahmen, in deren Verlauf der Bestattungsort enthüllt werden könnte. Ich halte es für ratsam, die Leichenreste zu exhumieren und definitiv zu zerstören, indem wir sie verbrennen. Dies müßte selbstverständlich unter strengster Geheimhaltung geschehen.«

Sergei Kondraschew von der sowjetischen Spionageabwehr erklärt während einer Fernsehsendung:

»Auf Andropovs Schreiben hin wurde tatsächlich beschlossen, die Leichenreste zu vernichten. Das war im Jahr 1970. Zu der Verbrennung gibt es eine Akte, sie wurde regulär verzeichnet. Es ist nichts übriggeblieben, die Knochen sind restlos verbrannt worden. Wo genau dies stattgefunden hat, kann ich nicht sagen, da ich persönlich nicht anwesend war. Ich kann Ihnen aber versichern, daß alles absolut vorschriftsgemäß verlief.«

Die Asche der Toten wurde in die Elbe gestreut.

Attersee, Österreich, Sommer 1949

Ludwika war ziemlich besorgt abgereist.

»Wenn Kurt euch Probleme macht, schickt ihr mir ein Telegramm«, sagte sie zu uns. »Ich möchte nicht, daß er euch den Sommer verdirbt.« Aber meine Großeltern hatten sie beruhigt, es würde bestimmt alles gutgehen, der Junge würde bei ihnen finden, was er brauchte: Zuneigung und Verständnis.

Zum Auftakt wurde beschlossen, daß Peter ab sofort nicht mehr bei mir im großen Schlafraum schlief, sondern ein kleineres Zimmer mit Kurt teilte. Die Großeltern hofften, daß sich so eine Freundschaft zwischen den beiden Buben entwickeln würde. Doch mein Bruder war mit dieser Lösung gar nicht einverstanden. Ihm war Kurt vom ersten Moment an unsympathisch gewesen.

Und so traten bereits kurz nach Ludwikas Abreise die ersten Schwierigkeiten auf. Noch in derselben Nacht platzte Peter in mein Schlafzimmer und rüttelte mich unsanft wach.

»Der knirscht im Schlaf mit den Zähnen«, brummte er.

»Wer?« stammelte ich schlaftrunken.

»Wer schon? Kurt!« schnaubte er ungeduldig. »Außerdem heult er wie ein Pferd!«

»Pferde heulen nicht«, erwiderte ich gähnend.

»Kurt aber schon! Mit dem will ich nicht in einem Zimmer schlafen!«

Seine Würmerbüchse an sich drückend, stand er im kalten Licht der Schlafzimmerbeleuchtung, die aus nichts als einer nackten Glühbirne bestand.

»Igitt!« sagte ich und deutete auf die Büchse.

»Ich will nicht, daß Kurt sie mir klaut«, erklärte er in abfälligem Ton. »Die brauche ich zum Angeln.«

»Du glaubst doch nicht, daß Kurt aus Deutschland hergekommen ist, um dir deine Würmer zu stehlen?« meinte ich lächelnd.

»Doch, genau!« entgegnete er hartnäckig. »Und ich will hier schlafen.«

Er deutete auf das Bett, in dem er bisher die Nächte verbracht hatte. »Geh und hol mir mein Kissen!« befahl er mir despotisch.

»Geh doch selber!« sagte ich. »Aber vorher stellst du die Büchse auf den Balkon raus!«

Er überlegte einen Moment, dann gab er nach. Als er zurückkam, warf er sich aufs Bett und schlief augenblicklich ein, ohne Leintuch und ohne Decke.

Am nächsten Morgen in der Küche erzählte Peter entrüstet, warum er nicht mit Kurt in einem Zimmer schlafen wollte.

»Der heult wie ein Pferd«, posaunte er mit kindlicher Verachtung. »Außerdem knirscht er mit den Zähnen. Das macht mir angst. Und meine Würmer will er auch stehlen!«

Während die Großmutter versuchte, ihn zu beruhigen und ihm ihrerseits zu erklären, daß Pferde nicht weinen, kam mein Vater herein.

»Was ist los?« fragte er, denn er spürte, daß ein Gewitter in der Luft lag.

Peter wollte gleich wieder mit seiner Leier loslegen, über Kurt, der heulte wie ein Pferd und ihm seine Würmer stehlen wollte, aber die Großmutter fiel ihm ins Wort.

»Es reicht, junger Mann, dein Papa muß frühstücken, er ist schon spät genug dran. Setz dich, Stefan, der Kaffee ist fertig«, sagte sie dann zu meinem Vater und schenkte ihm eine große Tasse von dem herrlich duftenden Getränk ein.

Bevor er an dem Kaffee nippte, betrachtete mein Vater Peter wohlgefällig. Der Junge gedieh prächtig. Er hatte die Berliner Blässe verloren, war sogar etwas gebräunt und hatte mehrere Kilo zugelegt. Mein Vater war sichtlich erfreut. In seinem Blick lagen Nachsicht, Zärtlichkeit und Stolz.

Zum Schluß streifte mein Vater auch mich mit einem flüchtigen Blick, aus dem ich jedoch eine Art heimliche Zerknirschung las, eine traurige Verlegenheit, die mir nicht neu war und deren Grund ich nur allzugut kannte. Ursula, seine zweite Frau, lehnte mich ab, und er war nicht in der Lage, etwas daran zu ändern. Heute denke ich, daß er deswegen ein ziemlich schlechtes Gewissen hatte, auch wenn er es sich selbst nie ganz eingestand. Ursula behandelte mich und Peter völlig unterschiedlich – zu mir war sie hart und unnachgiebig, zu ihm zuckersüß. Papa nahm mich nie in Schutz, und ich spürte seine Schwäche, seine Unterwürfigkeit. Im Grunde fühlte ich mich von ihm verlassen und warf ihm insgeheim vor, ein Weichling zu sein.

Im übrigen war ich nicht die einzige, der sein Verhalten auffiel.

»Dein Vater ist seiner Frau hörig«, sagte meine Großmutter einmal zu mir.

Dieses Wort beeindruckte mich sehr. »Hörig« hatte für mich etwas von einem Sog, und mein Vater war dem Sog der mächtigen Ursula ausgeliefert. Hilflos, wie jemand, der im Treibsand versinkt.

»Schläft deine Frau noch?« fragte meine Großmutter Papa an diesem Morgen.

»Ihr war heute nacht nicht wohl«, erwiderte er etwas zu rasch. Vielleicht wollte er Ursula rechtfertigen, dafür, daß sie nicht aus den Federn kam, was keine Seltenheit war. Meine Großmutter sagte nur: »Laß sie schlafen, der Schlaf heilt viele Wunden.«

In diesem Moment kam Kurt herein, bleich wie ein Gespenst und steifbeinig, die Hände hinter dem Rücken verschränkt, die Augen niedergeschlagen. Er trug eine kurze weiße Hose und ein kurzärmeliges weißes Hemdchen, das um seinen mageren Oberkörper schlackerte.

»Mit dir schlafe ich nicht mehr!« schrie mein Bruder mit vollem Mund. »Du heulst wie ein Pferd!«

Kurt blieb mitten in der Küche stehen, hob eine seiner blonden Augenbrauen und verfolgte mit düsterem Blick eine Fliege, die um den Milchkrug schwirrte.

»Laß es gut sein, Peter«, mahnte meine Großmutter streng.

»Und meine Würmer willst du mir auch stehlen!« setzte mein Bruder nach, als hätte er sie nicht gehört.

Jetzt schaltete sich mein Vater ein.

»Hör auf!« befahl er barsch.

Aber Peter zuckte nur mit den Schultern. Er hatte keinen allzu großen Respekt vor Papa.

Großmutter forderte Kurt auf, sich an den Tisch zu setzen: »Was hättest du denn gern auf dem Brot, mein Junge? Honig oder Marmelade?«

Kurts Antwort klang brüsk: »Nur Butter«, sagte er und starrte aufs Tischtuch.

Mein Vater wollte ihn schon ermahnen, gefälligst etwas freundlicher zu Großmutter zu sein, aber Oma kam ihm zuvor: »Laß nur, ich komme mit Kurt schon alleine zurecht.«

Da setzte Peter noch einmal nach: »Und überhaupt: Ich will nicht, daß du mit mir und Jörgl angeln kommst. Auf dem Boot haben nur zwei Platz.«

Diesmal riß Großmutter der Geduldsfaden. »Jetzt reicht's aber wirklich, junger Mann! Wenn du nicht sofort aufhörst, gehst du heute überhaupt nicht angeln. Hast du verstanden?«

Mein Bruder beugte sich endlich über seine Milchtasse und hörte auf, Kurt zu sticheln – Hauptsache, man verbot ihm nicht, angeln zu gehen!

Großvater hatte dieser Szene nicht beigewohnt, denn er war zum Einkaufen ins Dorf gefahren. Er stand immer sehr früh auf, holte sein großes schwarzes Fahrrad mit dem riesigen Gepäckträger aus dem Schuppen und radelte los. Erst wenn er genug Lebensmittel für uns alle beisammen hatte, kam er zurück.

Als mein Vater mit dem Frühstück fertig war, verabschiedete er sich von uns und machte sich zum Hafen auf, wo er als Hilfsarbeiter tätig war. Er küßte Großmutter auf die Wange und meinen Bruder auf die Stirn. Ich ging leer aus.

Oma schüttelte unmerklich den Kopf und entschädigte mich ihrerseits mit einem Kuß. Ich sprang auf und umarmte ihren weichen, mütterlichen Körper.

»Ich hab dich so lieb, Oma.«

»Ich dich auch, mein Schatz.«

Trotz allem tat es mir leid für meinen Vater. Er war eigentlich Maler, Künstler, seine Hände taugten nicht für schwere Arbeiten, trotzdem mußte er am Hafen schuften, weil es keine andere Arbeit gab. Sicherlich litt er sehr darunter.

Peter hatte den letzten Bissen noch nicht runtergeschluckt, da rannte er schon zu Jörgl hinaus, der vor der Haustür auf ihn wartete.

»Und was ist mit euch?« fragte die Großmutter mich und Kurt. »Wollt ihr nicht an den See runter?«

»Eigentlich möchte ich lieber zum Hund«, sagte Kurt und sah meine Großmutter aus seinen schönen graublauen Augen an.

Meine Großmutter bedeutete mir mit einem Blick, ihn zu begleiten.

»Also gut«, murmelte ich, wenn auch etwas widerwillig. Ich wäre viel lieber schwimmen gegangen, doch ich stand auf und sagte: »Ich komme mit.« Kurt zuckte mit den Schultern und trottete mir mit miesepetrigem Gesicht hinterher.

Putzi sprang zur Begrüßung an mir hoch und scharwenzelte bellend um mich herum – er wollte wie immer getätschelt werden.

Kurt beobachtete uns mit unergründlicher Miene und ohne mit der Wimper zu zucken. Die Sonne zauberte bläuliche Schatten auf sein weites Hemd, und er erinnerte mich hier im Garten mehr denn je an ein Gespenst.

Als ich ihn fragte, ob Putzi ihm gefalle, sagte er arrogant: »Das ist kein Rassehund.«

Ich wurde wütend. »Was hat das zu bedeuten?!«

»Mein Hund war ein Rassehund«, erwiderte er ungerührt.

»Wo hattest du diesen Hund denn?«

»Zu Hause, in Preußen.«

»Und was ist aus ihm geworden?«

»Was aus ihm geworden ist?« fuhr er mich zornig an. »Du wagst zu fragen, was aus ihm geworden ist?«

»Ja.« Ich sah ihn herausfordernd an.

Er packte mich am Arm: »Solche Sachen darfst du mich nicht fragen!«

»Warum nicht?«

Ich betrachtete zuerst seine schmale Hand mit der durchscheinenden Haut und sah ihm dann in die graublauen Augen, die so wunderbar zu dem weizenblonden Haar paßten.

»Und behandle mich gefälligst netter«, forderte ich in kontrolliertem Ton – streng, aber nicht aggressiv.

Er zog seine Hand zurück, und ich hatte den Eindruck, daß an seiner rechten Schläfe eine dünne blaue Ader pochte. Im nächsten Moment bekam er einen heftigen Hustenanfall, den ich seiner Nervosität zuschrieb.

»Er hieß Ralphi ...«, verriet er mir hustend.

»Dein Hund in Preußen?«

»Ja. Wir mußten ihn seinem Schicksal überlassen.«

Es folgte ein langes Schweigen, dann neigte Kurt den Kopf zur Seite und betrachtete Putzi scheinbar mit neuen Augen. Schließlich ging er vor ihm in die Hocke, zog ihn am Halsband behutsam zu sich heran und schmiegte seine Wange an die weiche Schnauze des Hundes.

Eine Sekunde später sprang er aber schon wieder auf, sah mich an, als schäme er sich, und rannte ans Ende des Gartens, hinter die Gemüsebeete meiner Großmutter. Ich zuckte ratlos mit den Schultern und trottete in den Hof. In diesem Moment kam mein Großvater zurück. Ich rannte ihm fröhlich entgegen.

Er kletterte schwungvoll von seinem schwarzen Fahrrad, klappte den Ständer herunter, nahm den

Rucksack vom Gepäckträger und drehte sich nach mir um: »Na, wie geht's meiner Lieblingsenkelin?«

»Bin ich das?« fragte ich kokett.

»Klar, du bist ja die einzige«, meinte er lächelnd.

»Warum bist du nicht am See?« wollte er dann wissen, während er seinen Rucksack aufsetzte.

»Kurt wollte zu Putzi.«

»Versteht ihr beide euch inzwischen ein wenig?«

»Kein bißchen«, sagte ich. »Er ist so komisch.«

Großvaters blaue Augen hinter den Brillengläsern wurden ernst.

»Der Junge ist krank, wir müssen Geduld mit ihm haben. Hier drin, in seinem Kopf, ist etwas durcheinandergeraten, verstehst du? Auf der Flucht aus Preußen sind so viele schlimme Dinge passiert, Dinge, mit denen ein neunjähriger Junge nicht so leicht fertigwerden kann. Versprichst du mir, daß du nett zu ihm bist?«

Alle verlangten das gleiche von mir. Meine Antwort kam auch diesmal zögernd: »Ja, mal sehen ...«

Mein Großvater zog mich scherzend an den Zöpfen. »Ich hab' euch eine Neuigkeit aus dem Dorf mitgebracht. Sie nennt sich Kaugummi.«

»Kau ... gummi? Was ist das denn?« fragte ich verwundert.

»Süßer rosa Gummi, den man kaut«, erwiderte mein Großvater in geheimnisvollem Ton. »Du darfst ihn nur nicht runterschlucken.«

»Nicht runterschlucken?« fragte ich enttäuscht. »Was hab' ich dann davon?«

»Du wirst schon sehen«, erwiderte Großvater augenzwinkernd.

Ich ging in die Küche und berichtete Oma von der Begegnung zwischen Kurt und Putzi. Sie schien sich zu freuen. Das sei ein gutes Zeichen, meinte sie. Nach der Flucht aus Preußen hatte Kurt Hunde nicht mehr berühren wollen, keinen Hund. Und da sie sich freute, glaubte ich, mich auch freuen zu dürfen. Ich ging nach oben, zog meinen Badeanzug an, rannte wie ein Blitz durch die Küche, schrie meiner Großmutter ein »Adieu!« zu und lief zum See hinunter. Als ich auf den Bootssteg hinausrennen wollte, gewahrte ich an dessen äußerstem Ende Kurt. Seine Beine baumelten über dem Wasser. Ich blieb schnaufend stehen. Schon wieder dieser Sauertopf! Ich hatte nicht die geringste Lust, mich erneut mit ihm herumzuschlagen, immer neue Vorstöße zu unternehmen, um die Mauer des Schweigens und der Ablehnung zu durchbrechen, die ihn wie ein Panzer umgab. Einen Moment lang war ich sogar auf meine Großeltern wütend, die mir diese undankbare Aufgabe übertragen hatten. Warum gerade mir? Das Schuljahr war anstrengend genug gewesen, jetzt wollte ich nur den Sommer und die herrliche Freiheit der Ferien genießen. Das glaubte ich verdient zu haben. Statt dessen ... Aber dann fiel mir wieder ein, was die Großeltern mir ans Herz gelegt hatten, und so gab ich mir einen Ruck. Ich sagte mir, daß ich nicht lockerlassen durfte, daß der arme Kurt Probleme hatte, die, seinem Verhalten nach zu urteilen, gar nicht leicht zu lösen waren, und daß ich Geduld mit ihm haben mußte, viel Geduld, das hatte ich versprochen ...

Ich lief also weiter, über den Steg zu ihm hin. Er jedoch schien mich gar nicht zu bemerken, starrte nur unentwegt auf den See. Ich berührte ihn an der Schulter.

»Hallo, was machst du hier?« fragte ich ihn, bemüht, freundlich zu klingen.

Er zuckte nur mit den Schultern.

»Warum antwortest du nicht, wenn ich dich etwas frage?« meinte ich und schluckte die aufkommende Wut hinunter. »Du könntest ruhig ein bißchen netter zu mir sein ...«

Da schreckte er aus seinen Träumereien auf, sagte aber nichts.

Ich zwang mich, ruhig zu bleiben, und schlug ihm vor, ein bißchen zusammen zu schwimmen.

»Nein«, erwiderte er brüsk. Ich war drauf und dran, vor Ärger mit dem Fuß aufzustampfen, beherrschte mich aber einmal mehr.

»Warum nicht?«

Endlich hob er den Kopf.

»Ich hab keine Lust«, meinte er mit kaltem Blick und in Falten gelegter Stirn.

»Das Wasser ist so schön«, versuchte ich es noch einmal.

Da sah er mir in die Augen und sagte hochmütig, jedes einzelne Wort betonend: »Laß mich endlich in Ruhe, du dumme Kuh!«

Mir verschlug es vor Zorn die Sprache. Dumme Kuh! Nach allen meinen Bemühungen, nett zu ihm zu sein! Am liebsten hätte ich ihm eine runtergehauen, aber ich war der Meinung, daß jemand, der mich »dumme Kuh« nannte, nicht einmal eine

Ohrfeige von mir verdient hatte, sondern nichts als meine Verachtung. Also warf ich meinen Bademantel von mir, sprang mit einem nahezu perfekten Kopfsprung ins Wasser und begann, wütend zu schwimmen. Der See war an diesem Morgen glasklar, die Temperatur sehr angenehm. Ich schwamm bis zu der gelben Boje und blieb eine Weile dort, um den guten Geruch einzuatmen, der über dem See lag, und die weißen Segelboote zu betrachten, die sich scharf gegen die Berge im Hintergrund abhoben. Als ich genug davon hatte, schwamm ich zurück und klammerte mich an den Rand des Ruderboots, in dem Peter und Jörgl saßen und mit konzentrierter Miene angelten.

Sie empfingen mich mit lautem Protest.

»Du verscheuchst alle Fische!«

Ich achtete nicht auf ihr Geschimpfe und kletterte an Bord. Dann schickte ich Jörgl nach vorn und setzte mich neben meinen Bruder. »Ich hab' den Kerl satt«, sagte ich und deutete auf Kurt, der am Ende des Bootsstegs saß.

»Der ist doch verrückt«, meinte Peter abfällig. »Mit dem rede ich nicht mal.«

»Opa und Oma haben aber gesagt, daß wir nett zu ihm sein sollen«, entgegnete ich widerwillig.

»Du kannst machen, was du willst«, erwiderte Peter trocken. »Ich will nur mit Jörgl angeln.«

Jörgl pflichtete ihm eifrig bei. »Ja, genau, wir wollen angeln.«

»Du könntest dich ruhig auch ein bißchen anstrengen«, sagte ich, obwohl ich bereits wußte, was er mir antworten würde.

»Was soll ich denn tun?« gab er denn auch zurück. »Der ist verrückt und basta. Nachts knirscht er mit den Zähnen, heult wie ein Pferd, will mir meine Würmer klauen, und zur Oma ist er auch böse und will ihre Marmelade nicht. Ja, genau, richtig böse ist der, aber wenn ich ihm einen Frosch ins Bett stecke, kriege ich noch Haue. Der soll mir bloß vom Hals bleiben!«

»Was, du willst ihm einen Frosch ins Bett stecken und dann auch noch ungeschoren davonkommen?« fragte ich lachend, aber mein Bruder fertigte mich sauer ab: »Schwimm doch zu ihm zurück, wenn du Lust hast ... Die Fische hast du eh schon verscheucht«, brummte er mißmutig.

Resigniert sprang ich ins Wasser und schwamm zum Bootssteg zurück. Als ich dort ankam, war Kurt weg.

Ich überquerte lustlos die Wiese vor dem Haus. In der Küche stieß ich auf meine Großeltern, die ich nicht weniger lustlos fragte, ob sie Kurt gesehen hätten, was sie verneinten. Ich nahm mir noch ein Glas Milch, als die Frau meines Vaters die Küche betrat. Wie üblich nutzte sie die Gelegenheit, mich zu schimpfen.

»Du tropfst!« sagte sie böse.

»Ich weiß«, gab ich gelassen zurück.

»Ich weiß ist keine Antwort, du freche Göre!«

An diesem Punkt schaltete sich meine Großmutter ein.

»Geh nach oben und zieh dir was Trockenes an.«

»Und zwar dalli, dalli!« setzte Ursula hinzu.

Meine Großmutter warf ihr einen vielsagenden Blick zu; sie seufzte und schlürfte weiter ihren Kaffee aus der blau emaillierten Tasse.

»Ich gehe gleich«, sagte ich zu Großmutter.

»So ist es lieb.«

Während ich mir oben den Badeanzug auszog, sah ich durchs Fenster Kurt im Garten hinterm Haus. Er kauerte neben Putzi, und ich sah selbst aus der Entfernung, daß er weinte. Der Hund betrachtete ihn halb neugierig, halb traurig, mit beinahe menschlichem Gesichtsausdruck, wedelte mit dem Schwanz und legte den Kopf zur Seite.

Als ich mich umgezogen hatte, ging ich in den Garten hinunter.

Kurt hatte mich wohl nicht kommen hören, denn er zuckte zusammen, als ich ihn an der Schulter berührte. Er wandte sich ruckartig nach mir um: In seinen Augen war keine Spur von Verzweiflung mehr, nur eine Mischung aus Scham und Zorn, Wut und Zerknirschung – als fühlte er sich von mir ertappt, als wäre ich wie ein Dieb in sein Innerstes eingedrungen.

»Entschuldige«, kam es mir ganz spontan über die Lippen.

Er stand auf und schubste mich weg.

»Ich will nicht, daß du mich hinterrücks überfällst!« zischte er wutentbrannt. »Verräterin!«

»Verräterin?« wiederholte ich baff. »Was redest du da?«

»Ja, genau!« sagte er düster und wiederholte: »Verräterin!«

Im nächsten Moment änderte sich seine Miene völlig, und ich hatte das Gefühl, nicht ein dreizehnjähriger Junge, sondern ein Greis sähe mich an. Dann war es, als sackte er plötzlich in sich zusammen. Er setzte sich ins Gras, nahm den Kopf in die Hände und begann zu weinen. Es war ihm ganz egal, daß ich ihn dabei sah, er wollte sich nicht mehr verstecken. Er hatte jegliche Abwehr aufgegeben.

»Weinst du, weil ich dir etwas getan habe?« fragte ich ihn ratlos.

Er schüttelte den Kopf und sagte nur: »Wir haben ihn verraten.«

Das Leid in seiner Stimme rührte auch mich fast zu Tränen. »Wen?«

»Ralphi. Unseren Hofhund.«

»Wie war Ralphi?«

»Ein schöner Hund und wahnsinnig klug. Ich wußte, daß er mich versteht, wenn ich mit ihm spreche. Und ich habe ihn verlassen ...« Kurts Stimme klang flehentlich, fast beschwörend: »Man darf Tiere, die man liebt, nicht verlassen. Niemals! Niemals!«

»Warum mußtest du ihn denn verlassen?« fragte ich vorsichtig.

»Weil doch die Russen kamen!« schrie er mich beinahe an. »Wir mußten fliehen!«

Ich hielt den Atem an. Dieses Wort – die Russen – weckte in mir Erinnerungen und Bilder, die ich seit vier Jahren aus meinem Gedächtnis zu löschen versuchte.

»Die haben alles niedergebrannt, die Häuser, die Bauernhöfe«, fuhr er fort. »Kinder und alte Leute haben sie ermordet, und mit den Frauen haben sie ... na, eben das gemacht.«

»Das ... was?« mußte ich unweigerlich fragen.

»Etwas ganz Schlimmes!« sagte er und knetete nervös seine Finger. »Du weißt schon, was ich meine ...«

Ich senkte den Kopf. Und ob ich das wußte ...

»Die Erwachsenen aus unserem Treck haben zu den Mädchen gesagt, daß sie sich unter den Wagen verstecken oder im Schnee vergraben müssen, wenn die Russen kommen!«

»Was für ein Treck?« hakte ich erneut nach. Aber diesmal bekam ich keine Antwort. Kurts Gesichtsausdruck hatte sich schon wieder verändert.

»Hör auf!« fuhr er mich giftig an. »Du fragst mich aus, genau wie die Therapeuten. Sie wollen alles über die Flucht wissen, bis in die kleinste Einzelheit ... Als hätte meine Mutter ihnen nicht schon alles erzählt!«

»Vielleicht ist das nicht das gleiche«, entgegnete ich und kam mir dabei sehr verständig vor. »Ich meine, ob du es erzählst oder sie.«

»Warum?«

»Na ja, ich weiß nicht ...« Ich zuckte mit den Schulten und setzte mich neben ihn ins Gras. »Aber ich bin keine von diesen Therapeuten, ich bin deine Freundin.« Das sagte ich in ganz neutralem Ton, als handelte es sich um eine simple Feststellung. Kurt schien nicht sehr überzeugt.

»Freundin ...?« meinte er zweifelnd.

»Du bist also aus Preußen geflohen?« fragte ich weiter, entschlossen, diesmal nicht lockerzulassen.

»Ja, aber nicht sofort. Anfangs hofften wir noch, daß sich die Lage wieder beruhigt. Die Gerüchte wurden allerdings immer schlimmer. Es hieß, die Russen würden die Brunnen vergiften, sie würden schwangeren Frauen die Bäuche aufschlitzen, die Kinder rausholen und wie Karnickel an den Beinen hochhalten, und dann würden sie ihnen ins Herz schießen ... Außerdem hätten sie Bauern an die Tore ihrer Scheunen genagelt ...«

Er stockte, als bräche er jeden Moment unter der Last seiner Erinnerungen zusammen. Eine Weile blieb er mit angezogenen Knien sitzen, reglos, das Gesicht in den Händen vergraben.

Wir schwiegen mehrere Minuten lang. Dann nahm er die Hände vom Gesicht. Er weinte jetzt nicht mehr, und seine Augen hatten einen seltsamen, fast hochmütigen Ausdruck. Er kam mir vor wie ein ganz anderer Mensch.

Als er langsam zu sprechen begann, merkte ich, daß sich auch seine Stimme verändert hatte – tiefer, fast wie die eines Erwachsenen.

»Es war kurz vor Weihnachten, im Dezember 1944. Eines Abends habe ich meinen Großvater und meine Mutter bei einem Gespräch belauscht – ich war hinter einem Mäuerchen im Stall versteckt. Er sagte, unser Gauleiter hätte angedroht, jeden zu verhaften, der bei Fluchtvorbereitungen erwischt wurde. Und das, obwohl alle wußten, daß ganz Preußen auf der Flucht war. ›Ganz Preußen flieht vor diesen russischen Bestien‹, sagte mein Großvater wortwörtlich.«

Er machte eine Pause. Seine Augen betrachteten Putzi, aber in Gedanken durchforstete er sein Gedächtnis bis in den hintersten Winkel.

»Dann ermahnte der Großvater meine Mutter, sie solle bloß vorsichtig sein und mit niemandem darüber reden, weil man noch nicht wußte, wer sich alles dem Zug anschließen würde. Es gibt überall Spitzel, sagte er, und jemand könnte etwas merken und uns verraten. Daraus habe ich geschlossen, daß auch wir bald fliehen würden. Das wollte ich aber nicht! Ich wollte unseren Hof und die Tiere nicht verlassen. Begreifst du das?« fragte er und schüttelte mich dabei am Arm. Dann sprang er auf, ging zu Putzi und legte eine Weile seine Wange an die Schnauze des Hundes. Danach setzte er sich wieder zu mir ins Gras.

»In den Tagen danach habe ich meinen Großvater und meine Mutter ständig beobachtet, aber ich hatte nicht den Eindruck, daß die Flucht vorbereitet wurde. Deshalb beruhigte ich mich ein bißchen und hoffte, sie hätten ihre Meinung geändert. Aber an Weihnachten merkte ich, daß etwas im Gange war, etwas ...«

Er stockte erneut, und sein Blick verschleierte sich. Plötzlich sprang er auf: Er war ganz rot im Gesicht und machte heftige, abwehrende Bewegungen. »Was willst du denn noch alles wissen?« schrie er mich mit hoher, schriller Stimme an. »Aufdringliche Gans! Das geht dich alles gar nichts an, hast du verstanden? Ich weiß, was du willst, du willst mir meine Ferien verderben. Aber das wirst du nicht schaffen! Ich hasse dich! Die Leute hier gehen mir schon genug auf die Nerven mit ihrem ›Erzähl mal, erzähl mal‹... Vielleicht macht es ihnen Spaß, mich ... Versuch das nicht noch mal! Sonst telegrafiere ich meiner Mutter und laß mich abholen!« Zum Schluß versetzte er mir noch einen Stoß, der trotz seines zierlichen Körperbaus so heftig war, daß ich verdutzt ins Gras plumpste.

Putzi begann aufgeregt zu bellen und im Kreis zu springen.

Genau in diesem Augenblick hörte ich den Pfiff meiner Stiefmutter – mehrere spitze, rasch hintereinander ausgestoßene Töne, mit denen sie mich und meinen Bruder zu rufen pflegte. Meine Großmutter hatte einmal dagegen protestiert: »So pfeift man Hunden!« Aber Ursula hatte ihr geantwortet, dieses System sei sehr gut, so habe sie uns schon in Berlin gerufen. Und sie hatte nicht unrecht. Im Nachkriegsberlin spielten wir in den Trümmern und entfernten uns oft ziemlich weit von zu Hause, Ursulas Pfiff jedoch war noch in zweihundert Metern Entfernung zu hören.

Ich stand wutschnaubend auf. »Dummer Kerl!« schrie ich Kurt an und trommelte ihm dabei auf die schmächtige Brust. »Ich bin nicht aufdringlich, ich will nur deine Freundin sein. Aber das hast du gar nicht verdient! Du bist eingebildet und gemein, und du hast es verdient, allein zu sein. Allein, kapiert? Mutterseelenallein!«

Meine innere Stimme sagte mir wohl, daß ich übertrieb, aber ich war einfach zu aufgebracht.

Er starrte mich ein paar Sekunden sprachlos an, dann sagte er mit schwacher Stimme: »Wir sind keine Freunde. Ich habe keine Freunde.« Und mit diesen Worten ließ er mich stehen und ging auf den Hasenstall zu.

»Gut zu wissen!« rief ich ihm hinterher. Dabei war meine Wut bereits wieder abgekühlt. Nachdenklich trottete ich zu meiner Stiefmutter.

Die hatte sich regelrecht in Schale geworfen. Frisch geduscht, das blonde, leicht gewellte Haar noch feucht, einen Hauch Rosa auf den Lippen, erwartete sie mich vor der Haustür. In dem schicken Kleid, das sie trug – es stammte aus dem Koffer, dem einzigen Koffer, den wir aus Berlin mitgebracht hatten –, wirkte sie so übertrieben herausgeputzt, daß ich wieder einmal den Eindruck hatte, sie passe überhaupt nicht in mein kleines Paradies.

Ursula drückte mir ein paar Kreuzer in die Hand. Ich wußte, was das bedeutete. Sie wollte, daß ich ihr am Kiosk, unten am See, rasch eine Zeitung besorgte, in der einmal wöchentlich auch ein paar vereinzelte Stellen ausgeschrieben waren. Sie gab die Hoffnung nicht auf, eine anständige Arbeit für meinen Vater zu finden, möglichst weit weg vom Haus am See und von den Großeltern, deren wachsamen Blicken nichts entging.

Ich nahm das Geld und rannte los, die Landstraße hinunter, die am See entlangführte. Der Zeitungskiosk befand sich zwischen einem Holzschuppen – dem Ruderbootverleih – und einem unbewohnten, halbverfallenen Häuschen, in dem es nachts angeblich spukte; die Leute munkelten, die Geister der im See Ertrunkenen gingen dort um. Ich war in wenigen Minuten am Ziel.

Die Inhaberin des Kiosks, eine leicht gebeugte, runzelige alte Frau, verkaufte nebenbei auch Angelschnüre, Haken, Fischkörbe, Netze, belegte Brötchen sowie Ansichtskarten für Touristen, von denen es allerdings kaum welche gab.

Ich fragte nach der Zeitung in der Hoffnung, sie sei noch nicht angekommen, aber ich wurde enttäuscht. Ich hatte Angst, meine Stiefmutter würde fündig werden und uns zwingen, von den Großeltern wegzuziehen. Allein der Gedanke brach mir das Herz.

Die Geschichte mit den Schlafzimmern ging zuletzt so aus, daß wir alle in dem großen Schlafsaal schliefen. Kurt wollte nicht allein in dem kleinen Zimmer übernachten, weshalb Peter und ich ihn wohl oder übel bei uns aufnehmen mußten. Mein Bruder protestierte natürlich und beschwerte sich weiterhin bitter darüber, daß Kurt nachts mit den Zähnen knirsche und heule wie ein Pferd, aber die Erwachsenen beachteten ihn nicht weiter. Peter war fuchsteufelswild und behauptete tatsächlich, mit Kurt in einem Zimmer schlafen zu müssen sei für ihn das Schlimmste auf der Welt. Daß bis vor kurzem Krieg gewesen war und die Nazis ihn um seine ersten fünf Lebensjahre gebracht hatten, schien er vergessen zu haben.

Ob nun aus Wut darüber, daß Kurt sich als unbequemer Dritter in die Beziehung zwischen ihm und mir drängte, oder weil es ihn störte, daß Kurt »so schwierig« war, jedenfalls begann Peter, Kurt

Streiche zu spielen, wo er nur konnte: Er versteckte seine Unterhose, schmierte mit Stiften in seinem geliebten Karl-May-Buch herum und steckte alles mögliche in sein Bett, angefangen von Kieselsteinen über Ameisen und tote Fische bis hin zu dem berühmten Frosch. Natürlich wurde er dafür ausgeschimpft und auch bestraft, was ihn nicht daran hinderte weiterzumachen. Er war dickköpfig und unbelehrbar.

Am Ende packte den armen Kurt, der zunächst alles stoisch ertragen hatte, die Panik oder die Verzweiflung, und er bat mich um Unterstützung. Dabei stand ich der Rachsucht meines Bruders genauso hilflos gegenüber wie er.

Nun, da Kurt mir ständig auf der Pelle hing, legten mir die Großeltern nahe, dies zu nutzen und immer wieder zu versuchen, ihm die Geschichte von seiner Flucht zu entlocken. Großmutter erklärte mir, Kurt trage einen großen Schmerz mit sich herum, den er sozusagen in seiner Erinnerung eingekapselt und tief in seiner Seele versenkt hätte; das führe dazu, daß er innerlich verfaule, auch im Kopf. Es sei wie mit einem entzündeten Furunkel, meinte sie, zu einem etwas gewagten Vergleich greifend: um es zu heilen, müsse man es aufschneiden und den Eiter abfließen lassen.

Zwar ekelte mich die Vorstellung von einem eitrigen Furunkel in Kurts Seele, aber ich versprach den Großeltern, alles zu tun, um ihn zum Sprechen zu bewegen. Ich versuchte es immer wieder, doch ohne Erfolg. Sobald ich ihm irgendeine Frage in der Richtung stellte, zog er sich zurück wie eine Schnecke in ihr Haus. Ansonsten tat er alles, um mich zur Verzweiflung zu bringen. So störte er zum Beispiel meine feste Angewohnheit, mein erstes Morgenbad im See allein zu nehmen, in aller Ruhe, ohne Peter und Jörgl, die ihr Boot an der familieneigenen Boje festmachten und loskeiften, kaum daß sie mich sahen, weil ich ihnen angeblich die Fische vertrieb; und ohne Kurt, der die meiste Zeit trübsinnig vor sich hin schwieg, und wenn er den Mund einmal aufmachte, dann nur, um mich zu ärgern. Ich hatte es ihm hundertmal gesagt: Bei diesem ersten Bad am Morgen wollte ich allein sein. Das aber schien ihm nicht in den Kopf zu gehen. Eines Abends nötigte ich ihn sogar dazu, mir hoch und heilig zu versprechen, mich am nächsten Morgen in Ruhe zu lassen. Aber als es dann soweit war, tappte er mir wieder hinterher. Ich war so wütend, daß ich ihn aufs übelste zu beschimpfen begann. Was schleuderte ich ihm nicht alles an den Kopf! Er sei geistesgestört, ein Fall für die Irrenanstalt, lästig, aufdringlich und gemein.

Er legte die Stirn in Falten und zeigte sich ehrlich zerknirscht.

»Gut«, sagte er mit todernstem Gesicht. »Ab sofort lauf' ich dir nicht mehr nach, du wirst sehen.«

Sein Versprechen hielt er ganze zwei Tage. Am Morgen des dritten nahm ich ihn, als ich gerade ins Wasser springen wollte, aus den Augenwinkeln wahr, wie er den Bootssteg betrat. Ich blieb stocksteif auf meinem Platz stehen und wartete, bis er sich mir auf Armlänge genähert hatte. Am liebsten hätte ich ihm eine runtergehauen, aber ich konnte mich gerade noch beherrschen.

Statt dessen zischte ich, so drohend wie nur irgend möglich: »Das wirst du mir bezahlen! Du willst mich wohl unbedingt auf die Palme bringen, was?«

»Warum? Ist es etwa verboten, an den See zu gehen?« fragte er mit Unschuldsmiene und sah mich schmollend an.

Da platzte mir endgültig der Kragen. Wütend zog ich ihn am Ohrläppchen. »Tu nicht so dumm, du weißt genau, was ich meine!«

Kurt schien einen Augenblick nachzudenken, dann schnellten seine Arme blitzschnell vor und stießen mich ins Wasser.

Das war der Gipfel. Ich redete den ganzen Tag kein einziges Wort mit ihm. Zu meinen Großeltern sagte ich, daß ich mit dieser Nervensäge nichts mehr zu tun haben wollte. Und ich sann auf Rache. Wenigstens einmal mußte ich diesen Kerl drankriegen!

Am nächsten Morgen stand ich in aller Herrgottsfrühe auf. Die andern schliefen noch. Ich trat auf den Balkon hinaus und ließ meinen Blick über den See schweifen; ein Hauch von rosa Dunst schwebte über der Wasserfläche, und sie wirkte irgendwie verschlafen. Die Luft war noch frisch, und die Vögel unter der Dachtraufe begannen gerade erst leise zu piepen. Mein Entschluß stand fest.

Ich verließ auf Zehenspitzen Balkon und Schlafzimmer, zog mir im Korridor den Badeanzug an, schlüpfte in meinen Bademantel und schlich leise die Treppe hinunter. Unten schob ich vorsichtig den Türriegel zurück, gab acht, daß die Tür beim Öffnen nicht quietschte, und schlüpfte ins Freie hinaus. Barfuß lief ich über die taubenetzte Wiese und auf den Bootssteg hinaus. Diesmal hab ich dich reingelegt, dachte ich, während ich meinen Bademantel auszog und auf die Bretter fallen ließ. Dann betrachtete ich eine Weile das glasklare Wasser und den sauberen Grund des Sees mit dem fein gewellten Sand.

Ich hatte mich bereits nach vorn gebeugt, um mit einem Kopfsprung ins Wasser zu springen, als mich jemand am Rücken berührte. Ich fuhr hoch wie von der Tarantel gestochen. Da war er wieder, dieser Quälgeist. Ich konnte es nicht fassen!

»Was soll das?« schrie ich ihn wutentbrannt an.

Er verzog den Mund, drehte den Kopf weg und starrte mit leerem Blick zum Horizont. Wollte er mich veräppeln oder was?

Ich packte ihn an der Schulter und schüttelte ihn: »He, sieh mir gefälligst in die Augen! Was ist mit deinem Versprechen? Warum benimmst du dich so?«

Er befreite sich mit geradezu irritierender Ruhe von meinem Griff und zuckte nur ein paarmal mit den Wimpern.

»Antworte mir wenigstens!« fuhr ich ihn an.

»Ich weiß nicht, was ich sagen soll«, murmelte er endlich.

»Du weißt nicht, was du sagen sollst?« fragte ich entrüstet. »Hatten wir beide nicht etwas abgemacht?«

»Was?« fragte er und sah mich an wie ein Unschuldslamm. Ich wurde rot vor Wut.

»Was? Du fragst auch noch?« entgegnete ich und schubste ihn nach hinten. »Hatten wir nicht abgemacht, daß du mich das erste Bad am Morgen allein nehmen läßt?«

Im Grunde war mir bewußt, daß die Sache so wichtig gar nicht war, aber mittlerweile ging es ums Prinzip.

»Ich störe dich doch nicht beim Baden«, erwiderte er in gleichgültigem Ton.

»Darum geht es nicht! Du hattest mir etwas versprochen!« schrie ich ihn an.

Kurt wich meinem Blick aus und starrte auf einen der Holzpfähle, die den Bootssteg trugen. Mehr noch, er beugte sich vor und untersuchte ihn aus der Nähe, als hätte er irgend etwas Interessantes daran entdeckt, einen Wurm vielleicht oder ein Insekt.

Der will mich reizen, dachte ich. Und versetzte ihm einen Schlag auf den gekrümmten Rücken.

»Was ist, willst du mich hochnehmen? Soll ich dir was sagen? Ich will die ganzen Ferien über kein Wort mehr von dir hören. Hast du verstanden? Kein Wort. Und bleib mir bloß vom Leib!«

»Na gut«, schnaubte er, »dann telegrafiere ich eben meiner Mutter, daß sie mich abholen kommt. Hier versteht mich ja keiner ...«

Mir verschlug es fast den Atem. »Hier versteht dich keiner?« brüllte ich völlig außer mir und dachte an meine Großmutter, die so liebevoll und nachsichtig mit ihm war und sein schrulliges, häufig auch noch ungezogenes Verhalten ständig entschuldigte und rechtfertigte. »Nur zu! Telegrafier deiner Mutter ruhig und hau ab! Je früher du hier verschwindest, desto besser!« knurrte ich und sah ihn an wie eine beleidigte Majestät. Er blickte grimmig und zugleich zerknirscht und verzog den Mund, als hätte er auf eine Bittermandel gebissen. Bei seinem Anblick wurde mir fast schlecht, ich konnte diese miesepetrige Miene nicht mehr ertragen. Bevor es noch schlimmer wurde, wandte ich den Blick ab und sprang ins Wasser.

Ohne mich umzusehen, schwamm ich mit weiten Armbewegungen auf den See hinaus. Mein Ärger verrauchte nach und nach. Zum Teufel mit dieser Nervensäge Kurt! Das Wasser war herrlich, die Temperatur ideal, ich genoß dieses Bad ungemein. Zum Schluß schwamm ich zu der gelben Boje und klammerte mich an den umlaufenden Ring. Dort hatte ich immer besonders viel Spaß: Ich strampelte mit den Beinen, daß das Wasser nur so spritzte und die Tropfen in der Sonne glitzerten; danach machte ich den toten Mann und betrachtete dabei meine Zehenspitzen, die schon etwas gebräunt waren. Schließlich drehte ich mich auch noch ein paarmal wild um mich selbst und ließ mir Muskeln und Haut vom Wasser massieren. Ich war rundherum glücklich. Allerdings nicht lange: Plötzlich hörte ich, daß jemand zu mir herüberschwamm. Ich drehte mich um – schon wieder Kurt!

Seelenruhig kam er zu der Boje geschwommen und hielt sich daran fest.

»Was erlaubst du dir?« fuhr ich ihn an. Ich kam fast um vor Entrüstung. »Wie kommst du dazu, mich bis hierher zu verfolgen? Schwimm sofort zurück, zum Steg oder sonstwohin, egal, aber verzieh dich auf der Stelle!«

Statt etwas zu sagen, schaute er mich nur an, aufmerksam und herausfordernd zugleich, was mich noch wütender machte.

»Was glotzt du mich an, Idiot?« brüllte ich zornig.

Als er immer noch nichts sagte, gab ich ihm einen Tritt zwischen die Beine und zwar mit aller Kraft, wohl wissend, daß das Wasser mich bremsen würde. Kurt zeigte keine Reaktion. Also trat ich erneut zu, diesmal noch heftiger, und hatte Erfolg: Kurt wurde kreideweiß, und im nächsten Moment verschwand sein Kopf unter Wasser.

Jetzt bekam ich es mit der Angst zu tun.

Mit einer Hand an die Boje geklammert, versuchte ich, ihn mit der anderen wieder hochzuziehen, indem ich ihn unter der Achsel packte. Die Angst schnürte mir die Kehle zu.

»Kurt!« schrie ich. »Kurt, Komm zu dir!« Ob er ohnmächtig geworden war?

Endlich schlug er die Augen auf und begann wieder regelmäßig zu atmen. Er spuckte Wasser aus, keuchte, spuckte noch mehr Wasser aus und bekam langsam wieder etwas Farbe ins Gesicht.

»Mensch, was ist passiert?« erkundigte ich mich beinahe fürsorglich; auf alle Fälle war ich ihm sehr dankbar dafür, daß er nicht gestorben war.

Er schüttelt den Kopf: »Nichts ...«

»Wie, nichts?« erwiderte ich verdattert.

Er gab mir einen Klaps auf die Schulter: »Nichts, dumme Kuh!«

Am liebsten hätte ich ihm gleich noch mal den Kopf unters Wasser gedrückt, aber das Risiko war mir dann doch zu groß. So verzieh ich ihm die »dumme Kuh« und schlug vor, zum Bootssteg zurückzuschwimmen. Kurt war einverstanden und schwamm zügig voraus. Dann ist ja alles wieder in Ordnung, dachte ich. Gefahr vorüber, Gott sei Dank. Wenn es ihm so gutging, konnte er auch allein ans Ufer zurückschwimmen, fand ich.

»Ich mach kurz einen Abstecher zum Boot rüber!« rief ich ihm hinterher. Er schielte verdutzt zu mir zurück. »Warte am Steg auf mich!« fügte ich noch hinzu und schwamm, so schnell ich konnte, auf unser Ruderboot zu, das etwa fünfzig Meter vom Ufer entfernt an der familieneigenen Boje vertäut war. Es war das Boot, auf dem Peter und Jörgl ihre Tage mit Angeln verbrachten, und ich war sicher, daß Kurt mir dorthin nicht folgen würde: Er hatte eine pathologische Abneigung gegen alle Arten von Booten, eine Phobie, unter der er laut Großmutter seit der Flucht aus Preußen litt, ohne daß sie mir jedoch sagen konnte, warum. Natürlich war mir das in diesem Moment auch ganz egal: Ich war nur froh darüber, ihn endlich abgeschüttelt zu haben.

Als ich das Boot erreicht hatte, zog ich mich am Rand hoch, kletterte hinein und legte mich wassertriefend auf die Bank in der Mitte. Was für ein Hochgenuß! Und obendrein noch tabu für Kurt!

Ich streckte mich zufrieden aus, schüttelte das Wasser aus den Haaren und betrachtete die kleine Bucht, die sich genau wie ich in der warmen Sonne zu räkeln schien. Und mit einem letzten Schauder dachte ich: Wenn er ertrunken wäre, hätte ich schön in der Patsche gesessen.

Ein paar Minuten herrschte absoluter Frieden. Dann aber begann das Boot plötzlich zu schaukeln. Nein, bitte nicht ..., flehte ich innerlich. Im selben Moment wandte ich den Kopf und sah Kurt über den Bootsrand schielen.

Mehrere Sekunden lang verschlug es mir förmlich die Sprache.

Ich war aufgesprungen und starrte ihn mit einer Mischung aus machtloser Wut und erschöpfter Verzweiflung an.

»Warum tust du das?« brachte ich schließlich heraus, und es war eine ernst gemeinte Frage.

Statt mir eine Antwort zu geben, bespritzte er mich nur mit Wasser. Also versuchte ich es mit einer anderen Taktik.

»Los, komm rauf!« sagte ich in provozierendem Ton.

Er schüttelte heftig den Kopf.

»Dann schwimm zum Steg zurück!«

»Nein!«

»Dann komm rauf, Angsthase!«

Er japste nach Luft und wurde blaß.

»Sag das nie wieder!« brüllte er, stemmte sich mit einem Schwung hoch und ging mit hysterischem Geschrei auf mich los: »Ich bin kein Feigling, verstanden? Ich bin kein Feigling ...!«

Er wiederholte es noch ein paarmal mit immer mehr Nachdruck, dann ließ er sich auf den Boden des Bootes sinken und flüsterte: »Mein Großvater weiß das ...« Es klang wie ein Seufzer. »Er weiß, daß ich kein Feigling bin! Er wollte, daß ich mich wie ein Großer benehme, und das habe ich auch getan! Ich hab' mich um Mama und Nikolas gekümmert, weil ich es ihm versprochen hatte ... Ich mußte ihm mein Wort geben, in der Nacht, als wir geflohen sind ...«

»Wohin geflohen?« fragte ich schnell.

»Nach Westen ... weg von den Russen ...«

»Wann war das?«

»Im Januar ... im Januar 1945.«

»Ich erinnere mich noch an den Kalender, der in der Küche hing«, fügte er schleppend, wie abwesend, hinzu. »An der Wand neben der Tür ... Ich hab' Husch, unserer Katze, adieu gesagt, sie hat mich so verwundert angeschaut ... Und dann ...«

Er umschlang seine Knie und lehnte sich an die Bootswand. Die Sonne war inzwischen schon so warm, daß sie uns trocknete.

Ich sah, wie sein Blick sich verschleierte und irgendwo in der Ferne verlor ... Dann begann er mit dieser tiefen, erwachsenen Stimme zu erzählen, die gar nicht ihm zu gehören schien.

Ostpreußen, Januar 1945

Auf einem Bauernhof wacht mitten in der Nacht ein kleiner, neunjähriger Junge auf. Er starrt eine

Weile ins Dunkle und versucht zu begreifen, was das für ein Geräusch war, das ihn da so brüsk geweckt hat. Plötzlich hört er das Pferd Theodor wiehern.

Das ist wirklich ungewöhnlich! Er spitzt die Ohren und hört ein zweites Wiehern, dann ein drittes! Was ist unten im Hof los?

Die Festtage waren einigermaßen friedlich verlaufen, aber echte Freude war nicht aufgekommen. Wen wunderte es? Sein Vater war im Sommer 1944 an der russischen Front gefallen, es war Krieg, und der Winter versprach strenger denn je zu werden. Deshalb hatte es auch keinen Weihnachtsbaum mit Kerzen, keine Sterne, keinen Schmuck gegeben. Aber wenigstens hatte Kurt nichts mehr von Flucht gehört, und das hatte ihn beruhigt.

Jetzt aber merkt er, daß etwas im Gange ist. Er springt aus dem Bett und läuft ans Fenster.

Das Fenster ist mit einer dünnen Schicht Eis bedeckt. Er haucht auf die Scheiben, und bald ist eine kreisförmige Stelle frei, durch die er nach unten spähen kann – und jetzt sieht er es! Er sieht das Pferd Theodor, es ist vor den Wagen gespannt, über den eine Plane gezogen ist. Und das alles mitten in der Nacht! Er muß sofort herausfinden, was das bedeutet. Also hängt er sich eine Decke um die Schultern und stürzt die Treppe hinunter.

Die Mutter ist gerade dabei, ein großes Bündel zu verschnüren. Die Küche, das einstige Herz des Hauses, steht voll mit Schachteln, einem Rucksack und einem Koffer; auf dem Tisch ist alles mögliche an Proviant aufgestapelt. Was ihn aber am meisten entsetzt, ist, daß sein drei Monate altes Brüderchen nicht wie üblich in der Wiege neben Mamas Bett liegt, sondern in einem gepolsterten Weidenkorb!

»Mama!« ruft er erschrocken.

Sie dreht sich nach ihm um und umarmt ihn. »Wir müssen fort, mein Junge, ich wollte dich gerade wecken.«

Kurt macht sich frei. »Wie, wir müssen fort?«

»Wir müssen vor den Russen fliehen. Wenn sie uns hier finden, geht es uns schlecht. Sehr schlecht, Kurt.«

Der Blick des Jungen streift den Weidenkorb. »Würden sie Nikolas etwas antun?«

»Ja, Kurt«, erwidert die Mutter bekümmert. »Ihm und uns.«

»Wohin gehen wir?«

»Nach Westen, Liebling.«

»Alleine?«

»Nein. Wir schließen uns einem Flüchtlingstreck an. Es ist schon alles in die Wege geleitet. Fast das ganze Dorf kommt mit.«

Kurt schluckt, sein Mund ist trocken. »Aber ... aber Mama, was ist mit den Kühen? Und mit den Hühnern? Und den Katzen? Und Ralphi?«

»Wir lassen alle Tiere frei«, lautet die verwirrende Antwort.

»Aber die Kühe müssen gemolken werden, Mama, das weißt du doch, sonst platzen ihre Euter!« ruft Kurt entsetzt aus. »Wie kommst du bloß auf so eine Idee? Und Ralphi – der verhungert ohne uns!«

»Hunde schlagen sich immer irgendwie durch«,

erwidert die Mutter, und ihre Stimme klingt jetzt etwas gereizt. Sie hat es eilig und kann ihre Zeit nicht mit Reden verschwenden.

»Ein Hofhund bleibt immer auf dem Hof, den er bewacht!« Kurt ist ganz außer sich. »Auch wenn du ihn loskettest – er rührt sich nicht vom Fleck. Ralphi wird verhungern!«

Die Mutter seufzt ungeduldig. »Hör schon auf, Kurt, es reicht jetzt. Ich muß noch so viel einpacken, und in einer Stunde müssen wir auf dem Kirchplatz sein.«

»In einer Stunde ...«, murmelt der Junge völlig durcheinander.

»Geh lieber rauf und zieh dich an«, meint die Mutter und macht sich erneut an ihrem Bündel zu schaffen.

Es folgt ein Augenblick des Schweigens. Das Pendel der Wanduhr schwingt unermüdlich hin und her, aber das Ticktack wirkt auf einmal traurig und beklemmend.

»Ich komme nicht mit«, verkündet Kurt plötzlich.

Die Mutter richtet sich auf, und diesmal klingt ihre Stimme angespannt und streng: »Es reicht, habe ich gesagt. Das ist wirklich nicht der richtige Moment, um zu streiten. Du tust, was ich dir sage, verstanden?«

Kurt preßt störrisch die Lippen zusammen. Nein, er ist ganz und gar nicht einverstanden.

»Ich bleibe hier«, wiederholt er hartnäckig.

»Schluß!« erwidert die Mutter ungewöhnlich autoritär. »Ich will kein Wort mehr hören. Geh nach oben und zieh alle warmen Kleider an, die du findest. Und keine Widerrede mehr, junger Mann!« Sie bückt sich erneut über ihr Bündel.

Der Junge ist völlig verstört. Obwohl er weiß, daß er nicht dürfte, versucht er es noch einmal. »Du kannst mich nicht zwingen«, sagt er in einem Ton, der resolut klingen will, sich aber ziemlich verzweifelt anhört.

»Du folgst jetzt, oder es gibt Dresche!« zischt die Mutter, ohne sich umzudrehen.

Kurt fällt aus allen Wolken. Dresche? Er hat wohl nicht richtig gehört!

Seine Miene verdüstert sich, während er sich überlegt, ob er die Ausfälligkeit der Mutter als Angriff auf seine Mannesehre werten soll – immerhin ist er neun Jahre alt! Dresche ... Wie einen kleinen Lausbuben hat sie ihn behandelt! Aber wenn es darum geht, Theodor zu versorgen, den Stall auszumisten und die Hühner zu füttern, dann soll er groß und erwachsen sein! Oder wenn er im Sommer zusammen mit Großvater und den Erntehelfern Heu macht und Kartoffeln, Rüben, Äpfel erntet ...

»Ich komme nicht mit!« murmelt er widerspenstig wie zu sich selbst. Die Mutter tut, als hörte sie ihn nicht. Mit verkrampftem Magen und einem Gefühl von Angst und Ohnmacht verläßt er die Küche und geht in den Hof hinaus. Die Nacht ist finster, der Karren ist im schwachen Schein der auf dem Boden stehenden Petroleumlampe kaum zu erkennen.

»Opa!«

Der über die Plane gebeugte alte Mann richtet sich auf. »Da bist du ja. Das ist recht. Es war höchste Zeit aufzustehen.«

»Was machst du da, Opa?«

»Ich belade den Wagen. Mama wird dir erklärt haben, warum.«

»Aber ... aber ...« Kurt überkommt plötzlich unerträgliche Verzweiflung; er flüchtet sich in die Arme des Großvaters.

»Komm schon, Junge«, sagt der Alte gerührt. »Ich weiß, daß dich das alles erschreckt, aber wir müssen fort, noch heute nacht. Du, Mama, Nikolas und ich – wir sind alle ernsthaft in Gefahr. Wir müssen fliehen, Kurt, die Russen kommen!«

Kurt löst sich von ihm; er ist völlig niedergeschmettert. Das von unten kommende Licht der Petroleumlampe verleiht dem Gesicht des Großvaters einen ungewohnten Ausdruck – es ist, als hätte er einen ganz anderen Menschen vor sich. Und doch ist sein Gesicht das alte, mit dem nach oben gezwirbelten grauen Schnurrbart, den gütigen Augen unter den buschigen, noch dunklen Brauen, den kurzen weißen Haaren auf dem runden Schädel und der gesunden, straffen Haut eines Menschen, der sein Lebtag auf Äckern und Feldern zugebracht hat, dem Wind ausgesetzt, der, wenn er aus Nordost kommt, beißend und stürmisch ist und in seiner Wut auf die Welt bisweilen sogar Bäume ausreißt, selbst solche mit dickem Stamm.

»Wir sind in Gefahr«, wiederholt der Großvater mit ungewöhnlich besorgter Stimme. »Für dich ist der Moment gekommen, erwachsen zu werden, mein Junge. Ich weiß, für einen Jungen, der gerade neun geworden ist, ist das schwer zu verstehen, aber ich muß dich wirklich darum bitten, Kurt. Schau, dein Vater ist nicht mehr da, und deine Mutter hat ein kleines Kind, das gestillt werden muß. Wenn wir ihr Sorgen bereiten, geht ihr womöglich die Milch aus, und dann würde dein kleiner Bruder verhungern.«

Er macht eine Pause. »Wir müssen fliehen, mein Junge, es bleibt uns nichts anderes übrig«, fügt er dann mit gebrochener Stimme hinzu. »Ich verlaß mich auf dich, enttäusche mich nicht. Du mußt tapfer und vernünftig sein wie ein Großer. Denn wenn mir etwas passiert …«

»Nein, nein, Opa!« ruft Kurt erschrocken aus und wirft sich ihm neuerlich in die Arme. »Dir passiert nichts, und ich benehme mich wie ein Großer. Das schwöre ich.«

Er bleibt noch eine Weile an den Großvater geschmiegt, atmet den vertrauten Geruch ein – eine Mischung aus Heu, Stall, in Stroh gelagerten Äpfeln, Most und einem seltsamen Öl, mit dem er sich jeden Tag den Kopf einreibt – angeblich ein todsicheres Mittel gegen Haarausfall.

»Ich geh' zu Ralphi und sag ihm adieu«, meint er schließlich, und seine Stimme klingt einen halben Ton tiefer als gewohnt. Dann reißt er sich vom Großvater los und rennt, einen Schluchzer unterdrückend, davon.

»Ralphi ...«, flüstert er mit tränenerstickter Stimme. »Mein lieber, lieber Ralphi, du bist frei, wir müssen gehen.« Mit gebrochenem Herzen streichelt er das Tier, einen reinrassigen Schäferhund. Er ist ein kluges, wachsames und verläßliches Tier – der beste Hofhund, den man sich vorstellen kann. Mit einemmal fühlt Kurt die ganze Tragödie, die da über seine Familie hereinzubrechen droht. Sie müssen den Hof verlassen, die Felder, die Tiere ... Er spürt einen Kloß im Hals, aber er beherrscht sich. Er muß sich wie ein Erwachsener benehmen, das hat er dem Großvater versprochen.

Mit unglaublicher Selbstüberwindung kettet er den Hund los.

»Du bist frei, Ralphi, du darfst gehen, wohin du willst.«

Aber der Hund schaut ihn mit großen, treuen Augen an, legt den Kopf zur Seite, bellt einmal kurz auf, als hätte er die Worte verstanden, und wirft dann einen verächtlichen Blick auf die Kette, die nutzlos an ihrem Eisenring baumelt. Darauf setzt er sich mit würdevollem Ernst hin und spitzt die Ohren, bereit, sein Herrchen beim geringsten Geräusch vor bösen Überraschungen zu warnen.

Nein, er wird den Hof wohl nicht verlassen, denn er ist dessen Hüter, und das ist seine Lebensaufgabe.

Kurt öffnet die Tür zum Hühnerstall. Seine Augen haben sich mittlerweile an die Dunkelheit gewöhnt.

Der Gockel Alarich zuckt nervös zusammen und stellt den Kamm auf; seine kalten, verächtlich blickenden Augen leuchten im Dunkeln.

»Ihr seid frei«, verkündet Kurt in strengem Ton. »Und du, paß gut auf die Hennen auf. Ab heute bist du alleine für sie verantwortlich!«

Danach geht er zum Kuhstall; als er das Tor öffnet, schlägt ihm der süßliche, warme Geruch entgegen, der ihm so vertraut ist. Er weiß, daß er ihn zum letzten Mal riecht. Seine Lieblingskuh, die Ninette, wirft ihm einen sanften, ahnungslosen Blick zu. Die Augen des Jungen füllen sich mit Tränen, sein Herz zieht sich zusammen. Was soll aus ihnen werden? Wenn sie anfangen, vor Schmerz zu brüllen, weil sie tagelang nicht gemolken werden? Aber er muß stark sein. Eine nach der anderen bindet er die Kühe los und läßt beim Hinausgehen die Stalltür offen. Arme Tiere. Arme, liebe, brave Tiere ... Früher oder später werden sie ins Freie gehen und feststellen, daß man sie ihrem Schicksal überlassen hat.

Kurt stürzt Hals über Kopf in die Küche und erklärt seiner Mutter atemlos: »Es ist gut, daß wir fliehen, Mama. Ich habe schon alle Tiere losgebunden. Hab keine Angst, Opa und ich werden dich und Nikolas beschützen. Jetzt gehe ich rauf und ziehe mich an.«

Bevor die Linkes ihre große, gemütliche Küche verlassen, zögern sie einen Moment. Draußen werfen sie einen letzten Blick auf das kleine Emailleschild mit der Nummer 118, auf das Hufeisen, das als Glücksbringer über der Eingangstür angebracht ist, auf die robuste Klinke, die der Dorfschmied eigens für sie hergestellt hat. Sie schließen die Haustür nicht ab; sie wissen, daß sie nie wieder in dieses Haus zurückkommen werden.

Theodor muckt. Der ungewöhnlich schwer beladene Wagen macht ihn mißtrauisch. Er schnaubt, scharrt mit den Hufen, schüttelt die Mähne.

»Hü, Theodor!« treibt ihn der Großvater an, aber der Gaul rührt sich nicht vom Fleck. Er wiehert, schlägt nach hinten aus, zerrt am Halfter.

»Hü, Theodor!« befiehlt der Großvater noch einmal, diesmal etwas rauher. Endlich trottet das Pferd los.

Kurt umklammert die Hand seiner Mutter und schaut nicht zurück.

Es ist bitterkalt, die Temperatur liegt bei minus zwanzig Grad.

Ab jetzt werden sie im Wagen unter der Plane schlafen müssen: Ob sie da nicht erfrieren? Die Mutter scheint seine Gedanken zu erraten. »Keine Sorge, Schatz«, sagt sie. »Wir haben Federbetten, Schlafsäcke und Bärenfelle dabei. Wir werden durchkommen.«

Die Worte der Mutter klingen aufmunternd, und da möchte auch Kurt sich mutig zeigen. Er muß jetzt Mutters Großer sein, und wie ein Großer beugt er sich über das Brüderchen.

»Hab keine Angst, Nikolas. Ich bin bei dir.« Der Kleine schläft seelenruhig weiter und hat keine Ahnung, was um ihn herum vor sich geht.

Auf dem Kirchplatz stehen schon viele Wagen, ein Großteil des Dorfes befindet sich im Aufbruch. Der Onkel des Bürgermeisters (sein Neffe ist an der Front und kämpft für Hitler und das Vaterland) ernennt sich selbst zum Anführer des Zuges. Das bedeutet, er wird die Regeln diktieren, an die sich unterwegs alle zu halten haben, damit der Treck so rasch und problemlos wie möglich vorwärtskommt.

Eisige Windböen wirbeln den Schnee in den schmalen Gassen und vor der Kirche auf; die eisernen Aushängeschilder der Läden und Gasthäuser quietschen in den Angeln. Alles wirkt bereits verlassen, vollkommen und endgültig.

Kurt späht unter der Plane hervor. Das schwere Kirchentor ist verschlossen, das geschnitzte Kreuz darüber mit Eis verkrustet.

Auch das Antlitz der in einer Nische untergebrachten hölzernen Sankt-Nepomuk-Statue ist von Eis bedeckt, sein Ausdruck entstellt. Man könnte meinen, der Heilige verziehe beim Anblick dieser Massenflucht staunend und verständnislos den Mund. Über wen soll er in Zukunft wachen, wenn alle Bewohner des Dorfes weggehen? Aber der Heilige kann sich trösten: Der Pfarrer bleibt zurück. Der Pfarrer will nicht fliehen. Er empfiehlt sich dem Schutz und der Barmherzigkeit Gottes und wird betend und fastend auf seinem Posten bleiben.

Eine erloschene Straßenlaterne schaukelt im Wind. Kurt fröstelt. Sein Blick schweift umher: Türen, Fensterläden, Geschäfte, alles ist geschlossen. Es ist, als schwebte der Hauch des Todes über dem

Dorf, das er liebt, wo er zur Schule gegangen ist, wo Nikolas getauft wurde und wo der Name der Linkes seit Generationen im Kirchenbuch eingetragen ist.

Weitere Wagen treffen ein, es fehlen nur noch wenige, meint der Onkel des Bürgermeisters, der Kiepnitz heißt und schon ziemlich alt ist. Alt, aber immer noch rüstig; er wird begleitet von der jungen Frau des Bürgermeisters, die ebenfalls ein wenige Monate altes Kind hat.

Als die Wagenkolonne vollständig ist, kommt es zu einer seltsamen Diskussion. Jemand hat vorgeschlagen, den gesamten Proviant gleichmäßig aufzuteilen, aber die Mehrheit ist dagegen. Der Streit zieht sich ewig hin, die angeführten Gründe klingen schäbig. Kurt versteht nicht, wie man so kleinlich sein kann, noch dazu in einem so kritischen Moment. Es ist typisch für die Bauern, nichts von ihren Vorräten abgeben zu wollen, denkt er sich, egal ob es um Schnaps, Räucherspeck oder Hartwurst geht.

»Da fliehen wir vor den Russen, weil wir um unser Leben bangen müssen«, entrüstet sich der Großvater, als hätte er Kurts Gedanken gelesen, »und ihr streitet um ein Päckchen Butter und eine Kiste Schnaps!« Angewidert zieht er sich in den Wagen zurück und hofft, daß die Streithähne sich bald beruhigen und Kiepnitz das Zeichen zur Abfahrt gibt.

»Wann geht's los?« fragt Kurt ungeduldig.

Der Alte steckt einen Kerzenstumpf in die Laterne und stellt sie in die Mitte des Wagens. Ein heftiger Windstoß knallt gegen die Plane des Wagens und verursacht ein schnalzendes, unheimliches Geräusch. Das und das schummerige Licht der Laterne geben Kurt das Gefühl einer abenteuerlichen Reise ins Ungewisse. Er hüllt sich noch fester in seine Daunenjacke und bemüht sich, ruhig und gelassen zu erscheinen. Schließlich hat der Großvater ihn gebeten, sich wie ein Erwachsener zu benehmen.

»Ich hoffe, dieses widerliche Gezänk dort draußen hat bald ein Ende«, sagt Großvater Linke mit ärgerlicher Miene.

Kurt möchte zeigen, daß er sich als Großer fühlt, und fragt die Mutter: »Du hast doch keine Angst, oder, Mama?«

Die Mutter lächelt.

»Wir dürfen keine Angst haben«, erwidert sie ruhig und bemüht, ihre Stimme zuversichtlich klingen zu lassen. »Wir müssen optimistisch sein, mein Sohn, denn hier steht unser Leben auf dem Spiel.«

Endlich wird das Kommando zur Abfahrt gegeben; der Kirchplatz leert sich nach und nach. Im letzten Moment tritt der Pfarrer heraus und segnet den Treck. Unterdessen ist auch der Mond am Himmel erschienen, ein heimtückischer Mond, der die Winternacht erhellt. Genau das ist es, was die Flüchtlinge am meisten fürchten, denn bei Mondschein können sie von sowjetischen Aufklärern entdeckt werden.

Die Kolonne biegt in die Landstraße ein; flache, schneebedeckte Hügel säumen sie auf einer Seite.

Sie fahren an Feldern vorüber, die im fahlen Mondlicht bläulich schimmern; allerlei Wild huscht pfeilschnell über sie hinweg. Schaukelnd rumpelt der Zug über die altvertraute Platanenallee.

Großvater Linke sitzt auf dem Kutschbock und versucht, an nichts zu denken, wenigstens ein paar Stunden lang zu vergessen, daß ihr Dasein ab diesem Moment sehr, sehr hart sein wird und sie all ihre Kräfte für ein einziges Ziel werden einsetzen müssen: das Überleben der kleinen Familie.

»Hü, Theodor!«

Der Alte weiß, daß seiner Familie das Schlimmste passiert ist, was einem Menschen geschehen kann. Denn was könnte furchtbarer sein, als aus dem eigenen Land fliehen zu müssen, gezwungen zu sein, alles hinter sich zu lassen, die Heimat und die eigene Vergangenheit, aus Furcht vor der Rache des Feindes.

Kurt für seinen Teil kauert unter der Plane und lauscht den Geräuschen des fahrenden Trecks: dem dumpfen Hufschlag der Pferde, dem Quietschen der Karrenräder, einem plötzlichen Wiehern, das sich in das Gelächter und Geplapper der ahnungslosen Kinder mischt. Es ist fast wie auf einem Schulausflug! Doch die schöne Illusion wird nicht lange vorhalten.

Kurt erlaubt sich einen flüchtigen Tagtraum. Der Großvater hat zu ihm gesagt, daß sie – wenn sie einmal an der Ostsee sind – einen großen Dampfer nehmen werden, der sie nach Westdeutschland bringt. Er hat noch nie einen Dampfer gesehen, geschweige denn das Meer. Vielleicht wird das ja noch ein ganz famoses Erlebnis! Er stellt sich vor, wie er mit den andern Kindern an Deck des Dampfers spielt, den Wellen zuschaut und dem Untergang der Sonne am Horizont – was für ein Spaß!

Er träumt, der kleine Kurt, aber nur eine Minute lang. Dann erinnert er sich wieder daran, was der Großvater ihm ans Herz gelegt hat: Er muß sich wie ein Großer benehmen. Und das wird er auch tun. Niemals würde er seinen geliebten Opa enttäuschen.

Seine Mutter muß unterstützt werden, das weiß er. Stillende Frauen sind empfindlicher als andere, und wenn ihre Milch versiegt, ist das Leben der Säuglinge in Gefahr. Nikolas könnte sogar sterben, wenn Mama die Milch ausgeht. Das hat der Großvater gesagt. Aber nein, Nikolas würde leben. Kurt liebt ihn heiß und innig, und er wird alles tun, damit der Kleine wohlbehalten in Westdeutschland ankommt. Er hat es dem Großvater versprochen: Er wird sich wie ein Großer verhalten.

Er streckt die Hand aus und berührt seine Mutter. »Wie geht es, Mama?« fragt er mit seiner neuen Erwachsenenstimme.

Ein schwaches Lächeln erscheint auf den Lippen der Mutter. Sie ahnt, was in seinem Kopf vorgeht, aber sie findet keine tröstenden Worte für ihn, sie ist es nicht gewohnt, und deshalb zuckt sie einfach nur mit den Schulten.

»Hoffen wir auf Gott«, murmelt sie.

»Und Nikolas?«

»Der schläft selig. Er hat zum Glück überhaupt nichts mitbekommen.«

Nach längerem Schweigen fragt Kurt: »Mama, wie sieht der Dampfer aus, der uns in den Westen bringt?«

Seine Mutter würde ihm das Schiff gerne beschreiben, aber sie kann es nicht, sie hat ja selbst noch nie ein richtiges Schiff zu Gesicht bekommen. Außerdem hat sie nicht viel Phantasie, und deshalb sagt sie nur: »Er ist groß und ganz blau angestrichen, mein Junge.«

»Ganz blau angestrichen?« wiederholt er mit aufgerissenen Augen. »Warum gerade blau?«

»Weil das Meer auch blau ist und der Feind ihn so nicht erkennen kann.«

Anfang November 1944 ist Stalin entschlossen, als erster in Berlin einzumarschieren und sich die Stadt als Siegesprämie anzueignen. Die entlang der Weichsel aufgestellten Sowjettruppen sind etwa achthundert Kilometer von der Reichshauptstadt entfernt.

Bereits Ende August hatten einige Generäle Hitler geraten, die Zivilbevölkerung Ostpreußens zu evakuieren, aber der Führer war unnachgiebig gewesen: Jeder hatte auf seinem Posten zu bleiben. Mitte Oktober wurden »alle wehrdienstfähigen Männer zwischen sechzehn und sechzig Jahren« zum Volkssturm eingezogen. Der Befehl lautete, Ostpreußen bis zum letzten Tropfen Blut zu verteidigen. Von Königsberg aus spornte Gauleiter Koch die Preußen an, zu kämpfen oder zu sterben.

Dennoch verlegte Hitler, ungeachtet der dringenden Forderungen des Truppenführers der 4. Armee, die letzten Reserveverbände von Ost nach West; dort plante er für den Winter eine Großoffensive in den Ardennen, mit der er Engländer und Amerikaner vernichtend schlagen wollte. So kam es, daß Anfang Januar 1945, als die Weichsel-Oder-Operation startete, sechs Millionen sowjetischen Soldaten knapp zwei Millionen Deutsche gegenüberstanden, von denen nur die wenigsten gut ausgebildet und bewaffnet waren. In den hastig rekrutierten Regimentern kämpften vorwiegend blutjunge Soldaten und freiwillige Veteranen, die kaum Treibstoff, wenig Munition und so gut wie keine Panzer zur Verfügung hatten. Die 1. Ukrainische Front begann ihren Vorstoß in der Nacht vom 11. auf den 12. Januar und drang innerhalb von zwei Wochen tief nach Schlesien ein. Die 1. Weißrussische Front griff am 14. Januar an und fegte die deutschen Truppen in gut zwei Wochen aus Mittelpolen. Am 27. Januar stand Marschall Schukow an der Oder, sozusagen mit Blick auf Berlin. Das war der Beginn der russischen Winteroffensive, die Hitler verächtlich »den größten Bluff seit Dschingis Khan« genannt hatte.

Es gab Tage, an denen die Rote Armee achtzig Kilometer am Stück vorrückte. Die zusehends in Auflösung begriffenen, völlig demoralisierten deutschen Truppen wichen zurück und mit ihnen riesige Flüchtlingsströme – Menschen, die ohne auf einen Evakuierungsbefehl zu warten (der tatsächlich nie eintreffen sollte), in panischer Angst flohen, denn sie wußten, daß der heranrückende Feind von unersättlichem Rachedurst erfüllt war.

Kurt erwacht und braucht eine ganze Weile, bis er sich zurechtfindet. Es ist Tag, er hat geschlafen, ohne zu träumen.

Sein Blick irrt über die Wagenplane: Wo ist er? Die Erinnerung kommt wie ein eisiger Regenguß über ihn. Er schaudert.

Sie sind geflohen, haben alles verlassen – Felder, Hof, Tiere.

Jetzt erfüllt Angst sein Herz.

Er hört Stimmen, Kinderlachen, Pferdewiehern. Der Treck steht still. Auf die Ellbogen gestützt, richtet Kurt sich auf und hält Ausschau nach seiner Mutter, aber er sieht sie nicht. Statt ihrer sieht er den Großvater, der, unter Fellen und Daunendecken vergraben, tief schläft. Er muß stundenlang auf dem Kutschbock gesessen haben!

Kurt steht leise auf, schlüpft in seine Daunenjacke und springt vom Wagen.

Es schneit aus einem stillen, wolkenverhangenen Himmel. Die Wagen stehen traurig aneinandergereiht, aber die Kinder haben immer noch Lust, im Schnee zu spielen. Eine alte Bäuerin sitzt auf einem Eimer und betet den Rosenkranz. Die Mutter steht neben Theodor, und ihre Augen sind furchterfüllt.

»Mama!«

Ludwika dreht sich um und zwingt sich zu einem schwachen Lächeln. Der Zug habe ein gutes Stück

Weg hinter sich gebracht, teilt sie ihm mit lebhafter Stimme mit, Herr Kiepnitz sei zufrieden.

»Wo sind wir?« fragt Kurt.

»Wer kann das sagen, mein Junge …«

Nikolas schläft in den Armen seiner Mutter, die Fellkapuze ist ihm so tief ins Gesicht gerutscht, daß man kaum noch das Näschen sieht. Er hat die prallen rosa Bäckchen eines gesunden Bauernkindes.

»Wir friedlich er schläft …«, meint Kurt.

»Er hat zweimal getrunken«, sagt die Mutter, denn sie weiß, daß ihn das freut.

Gott sei Dank, denkt er, Nikolas hat getrunken, und Mama darf sich nicht aufregen.

»Und du, Mama?« fragt er in erwachsenem Ton. »Hast du geschlafen?«

Ein Schatten huscht über das Gesicht der Mutter, und ihre Stimme klingt auf einmal schwach und kläglich: »Ich habe kaum ein Auge zugetan. Vielleicht hätten wir doch zu Hause bleiben sollen, mein Junge, wer weiß, ob wir durchkommen.« Dann bricht sie in Tränen aus.

Kurt ist verwirrt von dieser Reaktion und dem beinahe kindlichen Klang ihrer Stimme.

Er kennt seine Mutter nur als starke, energische und tapfere Frau. Was ist mit ihr los?

»Mama! Es war richtig zu fliehen. Hättest du auf dem Hof bleiben und darauf warten wollen, daß die Russen uns alle vier umbringen? Das kann doch nicht dein Ernst sein!«

Die Frau hat sich gleich wieder gefangen, ihr Gesicht entspannt sich. »Entschuldige, Liebling, ich bin nur furchtbar müde«, sagt sie.

Kurt schmiegt sich an sie und das kleine Bündel in ihrem Arm. »Mama ... wir schaffen es, du wirst sehen.« Als er sich wieder von ihr löst, fragt er in einem Ton, der unbesorgt klingen soll: »War Theodor brav?«

Die Mutter spricht jetzt wieder lebhafter, sie lobt Theodor für seine Ausdauer und Tüchtigkeit und versucht, Optimismus zu verbreiten. Sie schämt sich dafür, in Tränen ausgebrochen zu sein.

Kurts Miene verdüstert sich plötzlich. »Was ist, wenn er auf einmal lahmt, Mama?«

Die Mutter lächelt und erwidert ruhig: »Theodor doch nicht!«

»Doch, Mama, im Ernst! Was passiert, wenn Theodor plötzlich lahmt?«

»Dann müssen wir ihn wohl töten, Kurt«, erwidert seine Mutter, ohne zu zögern, jetzt wieder ganz die praktisch denkende, vernünftige Bäuerin.

»Ihn töten?« fragt Kurt entsetzt.

»Ja, etwas anderes bliebe uns gar nicht übrig, das weißt du«, entgegnet die Frau ernst und sieht ihm dabei in die Augen, wie sie es zu Hause, auf dem Hof, immer getan hat.

Kurt läßt nicht locker. »Ich würde es nicht ertragen, Theodor töten zu müssen!« sagt er.

»Denk eben nicht dran«, meint die Mutter und tut, als übersähe sie die kindliche Empörung, die ihm ins Gesicht geschrieben steht.

Doch Kurt läßt nicht locker: »Und was würden wir danach mit ihm machen? Wenn er tot ist?« fragt er aufbegehrend.

Die Mutter blickt in den Himmel, aus dem langsam und eintönig die Schneeflocken fallen. Dann schaut sie Kurt wieder an und sagt: »Ihn essen.«

»Theodor essen?«

»Ja, klar.«

»Lieber würde ich vor Hunger sterben!« erwidert Kurt zutiefst empört.

Seine Mutter schenkt ihm ein nachsichtiges Lächeln – so lächelt man trotzige kleine Kinder an. Da erinnert Kurt sich wieder an das feierliche Versprechen, das er dem Großvater gegeben hat, und zwingt sich zu einer anderen, einer männlichen, reifen Haltung. Schnell sagt er: »Du hast recht, es ist ja nicht gesagt, daß er überhaupt lahmt.«

»So ist es recht«, nickt die Mutter. »Und jetzt setz rasch die Mütze auf, es schneit dir ja auf den Kopf. Nicht daß du mir noch krank wirst! Und danach überlegen wir mal, was wir uns zu essen machen, hm? Hast du Hunger?«

Ja, wenn er es sich recht überlegt, hat Kurt sehr wohl Hunger!

»Ich zeige dir, wie man den kleinen Spirituskocher anmacht«, sagt Ludwika in aufmunterndem Ton. »Das wird ab jetzt deine Aufgabe sein.«

Kurt ist fast ein wenig stolz, eine so wichtige Sache übertragen zu bekommen. »Und was kochen wir?« fragt er neugierig.

»Rührei mit Speck«, verkündet die Mutter fröhlich, wie um seine letzten Befürchtungen auszuräumen. »Wir haben reichlich Eier von zu Hause mitgenommen.«

Kurt vergißt einen Moment lang, daß er ja eigentlich ein Großer sein möchte, und springt vor Freude in die Luft. »Hurra, wir machen uns ein leckeres Rührei!« Aber das berauschende Gefühl dauert nur kurz an. Er weiß ja, daß sie nicht auf einer Abenteuerfahrt, sondern auf der Flucht sind. Auf der Flucht vor den Russen.

»Ich geh' nachsehen, ob Opa schon aufgewacht ist«, erklärt er mit seiner tiefen Erwachsenenstimme.

Kurt stockte plötzlich in seiner Erzählung und starrte zum Ufer hinüber.

Ich folgte seinem Blick und sah meine Stiefmutter und meinen Bruder, die aufgeregt winkten.

»Deine Mutter will, daß wir zurückkommen«, sagte Kurt resigniert.

»Sie ist nicht meine Mutter!« erwiderte ich.

»Ja«, meinte er und berührte – zu meiner Verwunderung – fast zärtlich meinen Arm. »Ja, ich weiß. Tut mir leid.«

Dann erhob er sich, kletterte über die Bootswand und glitt ins Wasser. Ich seufzte und sprang hinterher.

Am Bootssteg angelangt, schlüpften wir in unsere Bademäntel und gingen schweren Herzens aufs Ufer zu. Wie schade – ausgerechnet jetzt, da Kurt angefangen hatte, mir von seiner Flucht zu erzählen!

Die Frau meines Vaters empfing mich mit böser, drohender Miene.

»Was fällt dir ein – schwimmen zu gehen, wenn die anderen noch schlafen? Mach das bloß nicht noch mal! Es ist doch immer das gleiche mit dir ...«

Kurt bedachte sie lediglich mit vorwurfsvollem, aber nicht sonderlich feindlichem Blick; der war allein mir vorbehalten.

Ich beschloß, daß es besser war, den Mund zu halten, und so gingen wir schweigend über die Wiese aufs Haus zu. In der Küche trafen wir meinen Vater beim Frühstück an, und da es Sonntag war – und er sonntags für gewöhnlich immer etwas später runterkam –, vermutete ich, daß es mindestens neun Uhr sein mußte. Ich war so vertieft in Kurts Erzählung gewesen, daß ich gar nicht gemerkt hatte, wie schnell die Zeit verging.

Mein Vater empfing mich mit strengem Blick, aber ohne etwas zu sagen.

Auch Großmutter, die ihre Sonntagsschürze mit dem Spitzenrand trug, schwieg vorwurfsvoll. Nur Großvater stand auf und hielt mir eine Standpauke, aus der man deutlich seine Enttäuschung heraushörte: »Was du da getan hast, ist streng verboten. Das war sehr ungezogen.«

Ich blieb stumm und wickelte mir eine Locke um den Zeigefinger, wie ich es immer tat, wenn ich sehr verlegen war. Wenn der Großvater in diesem Ton mit mir sprach, war das für mich ein Anlaß, mich in Grund und Boden zu schämen.

»Alleine im See zu schwimmen ist sehr gefährlich, das weißt du genau«, fügte er ernst hinzu. Aus den Augenwinkeln nahm ich wahr, daß mein Bruder eifrig nickte. »Wenn du einen Krampf bekämest, wäre weit und breit niemand da, der dir helfen könnte. Du darfst nie mehr schwimmen gehen, wenn die anderen noch schlafen. Versprich mir das!«

Tränen stiegen mir in die Augen: Daß mein lieber, guter Großvater so hart und verärgert mit mir sprach, tat mir schrecklich weh.

»Ich verspreche es«, erwiderte ich tonlos.

An diesem Punkt schaltete sich die Stiefmutter wieder ein:

»Diese Göre wird sich nie ändern! Sie ist und bleibt unartig, und jetzt zieht sie auch noch Kurt in ihre Missetaten hinein. Das ist unerhört. Ich finde, sie hat eine saftige Strafe verdient. Hier muß einmal ein Exempel statuiert werden!«

Die Großmutter reagierte mit praktischer Vernunft: »Für heute wollen wir noch mal ein Auge zudrücken«, meinte sie. »Und Helga bereut es ja auch sicher. Stimmt's, Helga?« fragte sie und sah mich auffordernd an.

»Ja«, erwiderte ich mit hängendem Kopf.

»Gut«, schloß meine Großmutter. »Dann geht jetzt hoch und zieht euch um. In zehn Minuten wird gefrühstückt.«

Kurt und ich rannten aus der Küche und die Treppe hinauf, dabei hörte ich noch die schrille Stimme meiner Stiefmutter: »Ihr laßt ihr immer alles durchgehen. So wird sie sich nie ändern!« Sie konnte es nicht ertragen, daß ich auch diesmal glimpflich davongekommen war. Mein Vater hielt sich wie immer völlig raus.

Nach dem Frühstück flitzte mein Bruder zum See

hinunter, wo sein Freund Jörgl schon auf ihn wartete, während ich mich erbot, meiner Großmutter in der Küche zu helfen. Sie ließ mich Kartoffeln schälen und die Sonntagsgläser polieren. Ihr Gesichtsausdruck war noch immer ernst, und das machte mich traurig, zumal ich der Grund dafür war. Irgendwann zupfte ich sie an der spitzengesäumten Schürze und fragte leise: »Bist du immer noch böse?«

Ihr sanftes Gesicht hellte sich in einem vergebenden Lächeln auf:

»Nein, ich bin nicht mehr böse, aber du mußt mir versprechen, daß du das nie wieder tust.«

Ich versprach es feierlich, dann verkündete ich freudestrahlend, daß Kurt begonnen hatte, mir von seiner Flucht zu erzählen. Großmutter zeigte sich, wie erwartet, hocherfreut.

»Das ist wunderbar«, sagte sie. »Dieser Bub muß aus sich raus. Er kann nicht alles in sich hineinfressen, sonst wird er womöglich nie mehr gesund.«

»Und was wäre dann?« fragte ich ein wenig besorgt.

Sie schaute mich nachdenklich an, dann schüttelte sie den Kopf. »Besser nicht dran denken. Komm, deck den Tisch.«

Um eins saßen wir alle am Tisch. Großvater hatte für das Sonntagsessen ein Kaninchen geopfert, und so gab es Kaninchenbraten. Großmutter hatte zwar ein wenig protestiert, weil es ihr Lieblingskaninchen gewesen war, es hieß Stummelschwänzlein, aber Großvater hatte gesagt, daß früher oder später alle Kaninchen würden dran glauben müssen, sprich, geschlachtet und gegessen würden, und daß Stummelschwänzlein bei weitem das fetteste von allen gewesen sei.

Zu dem Braten gab es Kartoffeln aus dem Backofen und Gurkensalat mit Sauerrahmsoße – das reinste Festmahl also.

Meine Stiefmutter trug eine beleidigte Miene zur Schau und machte während des ganzen Essens nicht den Mund auf, und auch mein Vater war ungewöhnlich schweigsam. Wir waren beim Nachtisch, als es draußen zu regnen begann; dicke Tropfen trommelten rhythmisch auf die Traufe.

Am Nachmittag ging Peter zu Jörgl, um Tischtennis zu spielen, während Papa, meine Stiefmutter, Oma und Opa einen Mittagsschlaf hielten. Kurt und ich zogen uns in unser Schlafzimmer zurück. Natürlich wollte ich, daß er mir weiter von seiner Flucht erzählte, aber er hatte anderes im Kopf.

»Versuch's bloß nicht«, sagte er, und ich wußte genau, was er meinte.

Seine ebenso klugen wie traurigen Augen, deren Ausdruck blitzschnell von streng in zornig umschlagen konnte, sahen mich ernst und streng an, dann ging er zum Fenster, öffnete es einen Spaltbreit und spähte hinunter.

»Ist Putzis Hundehütte eigentlich wasserdicht?« fragte er plötzlich.

Ich wollte wissen, warum ihn das interessierte.

Er antwortete mir widerstrebend, sein Hund Ralphi in Preußen habe einmal eine Lungenentzündung bekommen, weil es in seine Hütte geregnet habe.

»Aber mein Großvater hat ihn wieder gesund gemacht«, meinte er etwas angeberisch. »Mein Großvater konnte alles. So einen wie ihn gibt's nicht noch mal. Auf der ganzen Welt nicht.«

»Mein Großvater kann auch alles!« entgegnete ich gekränkt. »Er kann Kredenzen bauen und ist ein tüchtiger Schneider. Er erledigt sämtliche Näharbeiten im Haus, wußtest du das nicht?«

»Näharbeiten?« wiederholte Kurt ungläubig und verächtlich zugleich. »Das ist doch Frauenarbeit!«

»Wetten, daß dein Großvater nicht nähen konnte!« entgegnete ich wütend.

Er wurde rot vor Zorn und stieß mich so heftig nach hinten, daß ich fast mit dem Kopf an die Wand gestoßen wäre.

»He, spinnst du?« schrie ich ihn an.

Er zuckte mit den Schultern und sagte giftig: »Ich weiß schon, worauf du hinauswillst. Du willst, daß ich weiter von meiner Flucht erzähle, aber ein zweites Mal gehe ich dir nicht in die Falle. Du legst mich nicht noch mal rein!«

»Ich hab dich nicht reingelegt!« protestierte ich.

»Hast du wohl!« knurrte er. »Ich wollte nicht erzählen. Du hast mich dazu gezwungen. Tu das nicht noch mal. Nie wieder!«

»Es täte dir aber gut zu sprechen!« gab ich frech zurück.

»Nein!« schrie er, und Tränen strömten seine Wangen hinunter. Dabei bewegte er keinen einzigen Muskel, sein Gesicht blieb völlig reglos – er sah aus wie eine weinende Statue.

»Es würde dir guttun, dein Herz auszuschütten, glaub mir«, sagte ich in etwas freundlicherem Ton und streckte die Hand aus, um ihm übers Haar zu fahren, wie der Großvater es oft tat, aber Kurt rastete förmlich aus. Er packte mich an den Schultern und schleuderte mich mit dem Rücken an die Wand.

»Hör auf, mich zu quälen! Hör auf, mich zu quälen!« brüllte er mehrmals.

Seine Augen waren aus den Höhlen getreten, und seine Hände zitterten. Das Gesicht war kreidebleich und zu einer Grimasse verzogen. Einen Moment lang hatte ich richtig Angst vor ihm. Ich schlüpfte unter seinen Armen hindurch, und als ich einen gewissen Sicherheitsabstand hatte, schrie ich: »Du bist verrückt! Bei dir stimmt was hier oben nicht!« Ich tippte mir mit dem Finger an die Stirn. »Du hast nicht alle Tassen im Schrank! Außerdem habe ich dein ständiges Geplärre satt. Du bist nicht der einzige, der gelitten hat. Hör endlich auf, das arme Opferlamm zu spielen! Andere haben auch gelitten! Ein alter Angeber, das bist du!«

Ich hielt inne – völlig außer Atem, aber froh, ihm einmal ordentlich die Meinung gesagt zu haben.

Kurts Stimme klang kalt und verächtlich: »Du weißt nicht, was du sagst«, erwiderte er. »Nichts weißt du, gar nichts! Du kannst dir nicht mal vorstellen, was so eine Flucht bedeutet ... mit Planwagen, bei zwanzig Grad minus ... Komm mir bloß nicht mit deinem blöden Berlin! Was war das schon?«

Das war wirklich zuviel. Ich warf mich auf Kurt und kniff ihn bösartig in die Wangen. Ich wollte ihm weh tun, und das schaffte ich auch. Er wehrte sich, indem er wütend nach mir trat.

»Du kannst sagen, was du willst!« schrie er. »Dein blödes Berlin mit den blöden Bomben und dem ganzen Kram interessiert mich nicht! Was wir in Preußen erlebt haben, war viel schlimmer! Ich hätte dich mal erleben wollen, eingepfercht in einen Flüchtlingstreck ... Du hast keine blasse Ahnung, und gib bloß nicht so an wegen ein paar Bomben und ein paar Tagen Hunger. Wir ...«

»Du hattest wenigstens deine Mutter!« brüllte ich ihn an.

»Na und?«

»Mich hat meine Mutter verlassen!« Ich wußte, daß ich damit einen entscheidenden Treffer gelandet hatte, aber gleichzeitig kamen mir die Tränen, und dafür schämte und haßte ich mich.

Jetzt war er es, dem seine Worte leid taten: »Komm, ist doch nicht so schlimm ...«

Aber ich war so außer mir, daß ich wie eine Furie auf ihn losging: »Ach, nein? Nicht so schlimm? Soll ich dir was sagen? Ich hab' dich satt! Ständig spielst du die beleidigte Leberwurst, als wären wir alle gegen dich ... Du bist nicht hier, um dich pflegen zu lassen, klar? Dazu ist keiner von uns verpflichtet! Und überhaupt, was bildest du dir eigentlich ein ...? Undankbarer Schnösel! Damit du's weißt: Ich will nicht mehr deine Freundin sein. Meine Großeltern sind so nett zu dir, und du läufst ständig mit einem langen Gesicht herum, als wollten sie dir weiß Gott was antun! Zu Oma bist du richtig frech, das sehe ich mir nicht länger an! Dein blödes Getue hängt mir zum Hals raus, ich will nichts mehr mit dir zu tun haben. So!«

Ich hielt keuchend inne und hatte das Gefühl, ordentlich Dampf abgelassen zu haben.

Kurt war verstummt und starrte mich aus weit aufgerissenen Augen an.

Nach längerem Schweigen sagte er mit tonloser Stimme: »Ja, du hast recht. Ich bin ein unmöglicher Mensch und habe es überhaupt nicht verdient, noch länger hierzubleiben. Ich bin böse und eingebildet und …«

»Böse hab ich nicht gesagt«, fuhr ich dazwischen, aber er hörte mir nicht zu.

»Ich werde meiner Mutter ein Telegramm schicken, damit sie mich so bald wie möglich abholen kommt. Ich möchte niemandem zur Last fallen. Du wirst sehen, ich verschwinde und lasse euch in Frieden.«

Dann preßte er die Lippen aufeinander und schwieg wieder, die Arme an den Körper angelegt, die Fäuste geballt.

Einen Moment lang war ich direkt erleichtert. Sollte er doch abhauen nach Deutschland und zu seinen Therapeuten zurückgehen. Dann wäre ich wenigstens der undankbaren Aufgabe enthoben, seine Freundin sein zu müssen.

»Gute Idee«, erwiderte ich kühl. »So kann ich endlich meine Ferien genießen!«

»Sobald die Erwachsenen aufgestanden sind, sage ich ihnen, daß ich abreise. Und dann gehe ich ins

Dorf und schicke Mama ein Telegramm.« Er bemühte sich, gelassen zu klingen, aber ich merkte deutlich, daß ihm nicht ganz wohl bei der Sache war.

»Bravo«, meinte ich höhnisch. »Von mir aus kannst du ruhig zum Postamt gehen, nur daß es leider in Strömen regnet und außerdem Sonntag ist, und sonntags haben Postämter bekanntlich geschlossen ...«

Er schüttelte niedergeschlagen den Kopf.

»Stimmt«, gab er zu.

»Du willst doch nur davonlaufen«, fügte ich in provozierendem Ton hinzu. »Das ist das einzige, was du kannst: dich selbst bemitleiden und davonlaufen ...«

»Stimmt ja gar nicht!« sagte er.

»Doch, das stimmt.«

Er näherte sich mir wieder mit erhobener Hand, als wollte er mich schlagen, dann ließ er die Hand jedoch sinken und stellte sich, ohne ein Wort zu sagen, vor die Balkontür. Ich hatte den Eindruck, daß er vor irgend etwas fliehen wollte. Vielleicht vor einer Reaktion, die er fürchtete, nicht kontrollieren zu können.

Ich beobachtete ihn aus der Ferne, wie er so dastand in seiner buckligen Ratlosigkeit, in sich gekehrt und gekrümmt wie ein alter Mann.

Dann machte ich einen Schritt zur Seite und betrachtete ihn im Profil: Auf seinem blassen Jungengesicht stand eine unendliche Trauer geschrieben. Plötzlich wurde ich von einer Woge Mitleid erfaßt.

»Kurt?« sagte ich vorsichtig und ganz leise.

Er drehte sich um, und seine Verzweiflung brach auf einemmal in Form von Tränen aus ihm hervor. Dabei weinte er jetzt nicht mehr wie eine Statue, sondern wie ein kleiner Junge, der er in Wirklichkeit ja auch war. Ich begriff instinktiv, daß das ein gutes Zeichen war, und blieb einfach neben ihm stehen, ohne ihn zu berühren. Er weinte nicht lange, und als er aufhörte, war er wie entleert und zugleich erleichtert. Wir setzten uns auf den Rand eines der Betten, und er legte den Kopf auf meine Schulter.

Wir schwiegen lange, während das Unwetter draußen langsam abflaute.

»Das Rührei ...«, meinte er irgendwann langsam, »wir haben es schließlich gemacht.« Ein dünner Sonnenstrahl drang durch die Fensterscheibe und schien auf einen seiner dünnen, muskulösen Schenkel.

»Rührei?« fragte ich und tat, als verstünde ich nicht. Er schien enttäuscht.

»Erinnerst du dich nicht? Heute morgen ... auf dem Boot ...«

»Ach so«, sagte ich, »*das* Rührei meinst du ...«

Nach einer kurzen Pause stieß er mich mit dem Ellbogen an: »Also?«

»Also was?«

»Willst du nicht hören, wie es weiterging?«

»Womit?«

Noch ein Stoß mit dem Ellbogen. »Na, mit dem Rührei! Tu nicht, als hättest du von Blasen und Tuten keine Ahnung.«

»Du meinst von Tuten und Blasen ...«

Er lachte. Es war das erste Mal, daß ich ihn richtig lachen sah. Aber er wurde sofort wieder ernst.

»Wir haben es also gemacht, das Rührei«, sagte er und verlor sich in der Vergangenheit.

Ostpreußen, Januar 1945

Dritter Fluchttag.

Im trügerischen Blau eines eiskalten Morgens setzt sich der Treck nach der nächtlichen Rast wieder in Bewegung.

Bevor Großvater Linke auf den Kutschbock klettert, versucht er seiner Schwiegertochter Mut zu machen, denn sie wirkt heute noch blasser und schweigsamer als am Vortag.

»Ich weiß, Ludwika, es ist schwierig in dieser Lage, ein Kind zu stillen, aber du mußt stark sein. Tu es für den Kleinen.«

Sie nickt müde. »Vielleicht hätten wir zu Hause bleiben sollen.«

Der Alte schüttelt den Kopf, er hat sie diesen Satz jetzt schon so oft sagen hören, und er antwortet auch diesmal in freundlich-vorwurfsvollem Ton: »Nein, Ludwika. Du weißt, daß wir fliehen mußten. Sonst wären wir heute vielleicht schon tot.«

Das Zeichen zur Abfahrt wird gegeben. Großvater Linke tätschelt Kurt die Wange.

»Und du bist weiterhin mein Großer?«

»Ja, Opa«, erwidert der Junge ruhig.

»So ist es lieb«, meint der Großvater zufrieden. »Du mußt deiner Mutter zur Seite stehen, sie fühlt sich nicht so gut.«

»Was hat sie, Opa?«

»Na ja, das kommt vom Stillen, mein Junge. Der Kleine saugt alle Kraft und Energie aus ihr heraus. Auch geistige Energie, verstehst du? Deshalb ist sie manchmal traurig und schwermütig.«

Am Nachmittag fallen die Temperaturen weiter, und der Himmel verliert zusehends sein Blau, wie Tinte, die man verwässert.

Kurt läuft neben dem Wagen her, während die Mutter mit Nikolas unter der Plane bleibt. Immer wieder klettert der Junge eine Weile zu ihr hinein und leistet ihr Gesellschaft, aber sie hat keine große Lust zu reden. Auf dem Hof hatte sie immer etwas zu sagen gehabt, sie war die Seele des Hauses gewesen, sie hatte den Saisonarbeitern gesagt, was zu tun war – sie hatte den Hof im Griff, wie sie stolz zu sagen pflegte. Doch seit sie von zu Hause aufgebrochen sind, ist sie wie ausgewechselt, und das macht ihrem Sohn und ihrem Schwiegervater große Sorgen.

»Wie viele Tage brauchen wir noch?« fragt Kurt, während er neben dem Großvater herläuft.

»Ich weiß es nicht, Junge«, erwidert der Alte ausweichend. »Hü, Theodor! Kiepnitz spricht von neun, zehn Tagen.«

»Noch zehn Tage!« entfährt es Kurt. »Nikolas ist schon ganz wund. Er bräuchte mal wieder ein Bad im Zuber.«

»Ein Bad im Zuber ...«, der Großvater lächelt auf seinem Kutschbock. »Schön wäre es, meine Junge!«

Der Zug kriecht langsam dahin, viel zu langsam, es geht durch unbekannte Landschaften hindurch, in denen Kurt sich fremd und unsicher fühlt. Er ist nie über sein Dorf hinausgekommen, in dessen unmittelbarer Umgebung er jeden Acker, jeden Heuschober, jeden Bauernhof kannte. Hier kommt er sich verloren vor. Die weite Ebene läßt keine Unregelmäßigkeit erkennen, riesige Felder, die kein Ende zu haben scheinen, erstrecken sich bis zum Horizont. Da, ein verlassenes Gehöft, umgeben von einer langen, schneegekrönten Weidenhecke. Verlassene Gehöfte erkennt man sofort; das Bauernhaus wirkt düster, wie erstarrt.

»Opa, meinst du, die haben ihre Tiere auch verlassen, so wie wir?«

Der Alte antwortet nach einem heftigen Hustenanfall: »Kann sein, mein Junge, aber denk nicht drüber nach. Denk nicht drüber nach, Kurt.«

»Hast du Husten, Opa?« fragt Kurt besorgt.

»Ein bißchen, aber es ist nicht schlimm.«

»Bist du warm genug eingepackt?« will der Junge wissen.

»Wärmer geht es nicht!« erwidert der Großvater lächelnd. »Ich bin vollkommen eingemummelt.«

Fünfter Fluchttag.

Die Nacht ist einem fahlen, klirrend kalten Morgengrauen gewichen. Viele von den Flüchtlingen sind krank geworden, man hat sie in der Nacht husten gehört.

Kurt liegt schon eine ganze Weile wach. Jetzt steht er leise auf und steckt den Kopf zur Plane hinaus. Wie kalt, denkt er und schickt einen Blick zum klaren Winterhimmel hinauf.

Der letzte Stern ist gerade verblaßt, als der Treck von einem Trupp ziellos übers Land irrender Wehrmachtssoldaten eingeholt wird. Alle wachen auf, klettern von den Wagen und umringen die Männer. Ja, es hat eine Schlacht gegeben, etwa zwanzig Meilen von hier ... Nein, auf deutscher Seite nur Rückzug. Irgendwelche Hoffnungen, die Russen aufhalten zu können? Nein, nicht die geringste, auch wenn das Defätismus ist. Die Männer wirken müde. Sie haben ungepflegte Bärte, zerrissene Uniformen. Ihre Blicke suchen besorgt den Horizont nach feindlichen Flugzeugen ab. Sie sind hungrig und bitten um etwas zu essen.

Die Flüchtlinge sammeln ein wenig Brot, der Anführer des Zugs gibt ein Stück Speck und einen Viertelliter Schnaps dazu.

Die Soldaten gestatten sich eine kurze Rast. Sie setzen die Helme ab oder lockern die Kinnriemen und fallen heißhungrig über Brot und Speck her; und dazu nehmen sie immer wieder einen großen Schluck Schnaps.

Kurt steht mit anderen Kindern um sie herum und schaut sie an. Einer von ihnen ist noch ganz jung, obwohl er es auf geradezu rührende Art zu überspielen versucht. Nach dem zweiten Schluck Schnaps wird er jedoch weinerlich. Er meint, daß sie wahrscheinlich sowieso in russische Gefangenschaft kommen, daß die Russen sie bestimmt nach

Sibirien verschleppen oder in Moskau in die Lubjanka werfen und daß er seine Mutter, die bei den Großeltern in Krummesse bei Lübeck lebt, nie wiedersehen wird.

Seine Kameraden klopfen ihm derb auf die Schulter. »Was trinkst du auch, Dummkopf? Du weißt doch, daß du keinen Tropfen Alkohol verträgst ... Und hör auf zu plärren, Siegfried. Das gebührt sich für jemanden mit deinem Namen nicht ...«, sagt einer, worauf alle in großes Gelächter ausbrechen, das schrill und so gar nicht lustig klingt.

Nachdem sie sich ein wenig gestärkt haben, werden die Soldaten gesprächiger. Plötzlich beginnt einer von ihnen mit Blick auf die Kinder, die sie immer noch neugierig anstarren, gegen die Generäle der Wehrmacht zu wettern, weil sie Hitler immer noch blind gehorchen; dabei scheine der Führer seit Stalingrad von dem Vorsatz besessen, sein eigenes Volk der Vernichtung preiszugeben.

Obwohl der Mann den Schnaps offensichtlich nicht besser verträgt als der Soldat Siegfried und obwohl seine Kameraden ihn mit Blicken zur Vorsicht mahnen – man weiß ja nie, es könnte sich ja doch irgendwo ein Spitzel versteckt haben –, verlangt er noch mehr zu trinken. Und der Treckführer spendet tatsächlich einen weiteren Viertelliter, vielleicht, um ihn zum Weiterreden zu bewegen. Jetzt kommt der Mann richtig in Fahrt. Ein Verwandter von ihm sei ein enger Vertrauter des Führers, behauptet er, einer von denen, die Hitler niemals widersprächen, obwohl sie genau wüßten, daß seine Entscheidungen schon seit geraumer Zeit völlig irrational seien; aber er wolle ja mit dem Kopf durch die Wand, wie ein trotziges kleines Kind.

Seine Kameraden hören nicht auf, ihm Rippenstöße zu versetzen, doch der Mann ist nicht zu bremsen.

»Und diese Idioten von Generälen führen seine Order weiter aus, blind und stumpfsinnig – als wüßten sie nicht genau, daß sie einem kranken Hirn entspringen!«

Am Ende nimmt er einen kleinen Jungen von etwa vier Jahren auf den Arm, der ihn mit Augen anstarrt, aus denen jede Spur kindlicher Unbekümmertheit verschwunden ist.

»Was für Schweine ...«, schimpft er und meint die Generäle des Führers. »Zwingen Frauen, alte Leute und Kinder, sich wochenlang auf diesen Scheißstraßen dahinzuschleppen ...«

Tatsächlich starben Hunderttausende von Deutschen aus den Ostgebieten nicht nur in den Massakern der Roten Armee, sondern auch, weil die Generäle der Deutschen Wehrmacht rigoros jeden Führerbefehl befolgten. Daß die Zivilbevölkerung nicht rechtzeitig evakuiert wurde, war an sich schon schlimm, doch nicht genug, man hinderte die Flüchtlingstrecks auch noch daran, die Hauptstraßen zu benutzen, und leitete sie auf unbefestigte Nebenstraßen um, die häufig in katastrophalem Zustand und völlig unwegsam waren. Und es waren nicht nur die asphaltierten Straßen, die ausschließlich für militärische Zwecke genutzt werden durften, auch die Eisenbahn wurde von der Wehrmacht in Beschlag genommen: Der Transport von Kriegsmaterial hatte absoluten Vorrang. Den Menschenmassen, die sich über die Bahnhöfe ergossen, blieb keine andere Möglichkeit, als den Weg übers Meer, zu Fuß oder im Pferdefuhrwerk zurückzulegen. Bei Temperaturen um minus zwanzig Grad kämpften sich die Menschen durch Schnee und Eis bis zur Ostsee durch in der Hoffnung, ein Schiff zu finden, das Flüchtlinge an Bord nehmen und sie in den Westen bringen würde.

Bevor die Soldaten weiterziehen, warnen sie Kiepnitz noch davor, daß sein Treck jeden Moment zwischen die sowjetische und die deutsche Front geraten könnte. Die einzige Möglichkeit, dem zu entgehen, sei, sich zu beeilen.

»Wunderbar!« poltert der Treckführer, und sein scharfgeschnittenes Profil wirkt noch etwas schärfer. »Uns zu beeilen ..., als ob das mit so einer Karawane möglich wäre!«

Sein Blick wandert besorgt über die lange Reihe der Wagen. »Gott steh uns bei!« murmelt er dann und klemmt die Pfeife zwischen die Zähne.

Großvater Linkes Gesicht ist mager geworden. Die Haut über den Wangenknochen ist gespannt, sein Blick getrübt. Er hat eine schwere Bronchitis, und wenn Kurt ihn husten hört, schnürt es dem Jungen vor Angst die Kehle zu. Der alte Bauer war immer kerngesund, das wissen alle. Zur Zeit der großen Epidemie hatte die spanische Grippe zwar auch ihn erwischt und ordentlich gebeutelt, aber seither war er nie wieder krank gewesen. Und jetzt dieser fürchterliche Husten. Kurt hat ihm angeboten, ihn auf dem Kutschbock abzulösen, bis es ihm wieder bessergeht, aber er hat entschieden abgelehnt.

»Du mußt deiner Mutter zur Seite stehen, Junge«, hat er gesagt. »Du hast doch gemerkt, daß es ihr nicht gutgeht, oder? Das sind die Nerven, eine Art Erschöpfungszustand. Das kommt vor, wenn eine Mutter unter ungünstigen Bedingungen stillen muß. Du mußt sie aufrichten. Bleib an ihrer Seite, Kurt, um Theodor kümmere ich mich.«

Ja, der schlechte Zustand seiner Mutter ist Kurt schon aufgefallen. Es gibt Augenblicke, in denen sie ihn kaum wiederzuerkennen scheint. Auf dem Hof war sie eine andere Frau gewesen – energisch, unermüdlich, fröhlich. Eine Frau, die Schwierigkeiten mit Mut und Entschlossenheit anging. Jetzt wirkt sie schwach und zerbrechlich. Und immer ist ihre Stimmung gedrückt.

Manchmal überkommt Kurt regelrechte Panik. Beispielsweise, wenn er seine Mutter stundenlang mit Nikolas im Arm dasitzen und vor sich hinstarren sieht, mit einem Blick, der so leer und abwesend ist, daß es ihn schaudert. Oder wenn der Kleine aufwacht und nach seiner Milch schreit und sie ihn gar nicht zu hören scheint. Wenn er sie dann darauf hinweist, daß Nikolas schreit, fährt sie zusammen, als hätte er sie aus dem Schlaf gerissen, und sieht ihn fast böse an.

Es kommt auch vor, daß sie während einer Rast unter dem Vorwand, sich die Beine vertreten zu wollen, wie eine Schlafwandlerin um den Wagen herumläuft, mit halbgeschlossenen Augen und schlaff herabhängenden Armen. Und wenn Kurt oder der Großvater zu ihr gehen und sie ansprechen, bleibt sie wie angewurzelt stehen, starrt sie ein paar Sekunden lang wie Fremde an und scheint immense Mühe zu haben, in die Wirklichkeit zurückzukehren.

Nein, seiner Mutter geht es gar nicht gut, das weiß Kurt, obwohl er eine Weile gebraucht hat, es sich selbst einzugestehen. Und er weiß genau um die große Gefahr – die, welche der Großvater so fürchtet –, daß ihre Milch versiegen könnte; und in diesem Fall wäre es um Nikolas geschehen. Aber das darf nicht passieren. Das wird nicht passieren. Kurt schwört sich, daß er seine Mutter bei Laune halten wird, koste es, was es wolle. Selbst wenn das in ihrer Situation ein Ding der Unmöglichkeit scheint.

Auch bei den anderen ist die Stimmung sehr schlecht. Die Flucht wird jeden Tag beschwerlicher, die Menschen sind jeden Tag müder und niedergeschlagener. Der Zug schleicht in bedrückender Stille dahin. Selbst die Kinder haben ihr Lachen verloren; die unbeschwerte Fröhlichkeit der ersten Tage, als sie dies alles noch für ein Abenteuer hielten, ist angesichts der täglichen Qual und Mühsal rasch verflogen. Von wegen Abenteuer!

Die Kolonne schleppt sich beschwerlich dahin, durch dichtes Schneegestöber oder vom eisigen Nordwind gepeitscht, und die Kinder leiden genau wie die Erwachsenen unter den katastrophalen hygienischen Bedingungen. Ihre Notdurft müssen sie in der Eiseskälte im Straßengraben verrichten; zudem muß es noch schnell gehen, denn der Treck kann nicht warten.

Und dann die Nächte in ihrer gnadenlosen Kälte, die die Menschen kaum schlafen läßt, die ständige Angst, hinter der nächsten Kurve, hinter jedem Streifen Wald, jenseits der nächsten Hügelkuppe sowjetische Panzer auftauchen zu sehen – was das sichere Ende bedeutet hätte.

Die Mutter bei Laune halten … das war leicht gesagt! Wenn die Alten und Schwachen sterben. Wenn die Kranken nicht mehr geheilt werden können, weil die Medikamente ausgegangen sind. Wenn man jeden Moment in der Ungewißheit verbringt, was die nächste Stunde bringen mag, und man ständig mit dem Gefühl der andauernden Gefahr lebt. Werden die Russen den Treck entdecken? Wird ein russischer Aufklärer sie aus der Luft vernichten? Wird gar ein weiterer, noch schlimmerer Kälteeinbruch sie alle im Schlaf umbringen?

Entsetzliche Fragen, deren Antworten über Tod und Leben entscheiden. Wie anders waren doch die Sorgen gewesen, die man sich daheim, auf dem Hof, gemacht hatte: Wird das neue Kälbchen gesund und kräftig zur Welt kommen? Wird die Ernte ausreichen? Wird im Frühling der kleine Vogel wiederkehren, der an Sommerabenden so schön und melodiös zwitscherte, daß der Großvater glaubte, den Gesang einer Nachtigall zu hören?

Ob es wirklich eine Nachtigall gewesen war? Großvater Linke war sicher gewesen, und er hatte auch den Rest der Familie überzeugt, ja, sogar die Saisonarbeiter, die beim Heuen halfen und bei der Ernte von Kartoffeln, Rüben und Mohnkapseln. Die Mohnsamen, soweit sie nicht im Dorf verkauft wurden, verarbeitete die Mutter für ihren leckeren Kuchen; der Großvater strich sie sich sogar aufs Brot, das alle zwei Wochen im Holzofen auf dem Hof gebacken wurde.

Aber wenn die Nachtigall oder was auch immer für ein Vogel es gewesen war, im Frühling aus dem Süden zurückkommen würde, um sich auf dem altvertrauten Baum in der Mitte des Hofs niederzulassen, dann würde sie die Linkes nicht mehr antreffen. Und vielleicht würde auch sie sich verraten fühlen.

Kurt schreckt aus dem Schlaf hoch, er spürt, daß etwas passiert sein muß. Von draußen dringt ungewohntes Stimmengewirr herein, die Pferde schnauben und scharren nervös mit den Hufen ... Und seine Mutter ist nicht da.

Er springt auf, zieht sich rasch die Daunenjacke über und springt vom Wagen. Da ist seine Mutter, sie hat Nikolas im Arm und wirkt verstört. Die Astrachanmütze hängt ihr ganz schief auf dem Kopf und gibt ihrem Gesicht etwas ungewollt Komisches, das in der dramatischen Notlage, in der sie sich befinden, völlig absurd wirkt.

»Was ist los, Mama?«

»Das, was dort geschehen ist, ist nichts für Kinder«, erwidert die Mutter brüsk.

»Wo, dort?«

Die Mutter deutet mit dem Kopf zum Ende des Zuges.

»Was gibt es dort?«

»Nichts. Du bleibst hier, mein Junge.«

»Warum sagst du mir nicht, was dort los ist?« fragt Kurt gereizt. »Ich bin kein kleines Kind!«

Genau in diesem Moment beginnt der Kleine zu brüllen.

»So, da hast du's«, stöhnt die Mutter erschöpft. »Du hast ihn aufgeweckt, und jetzt will er trinken! Wenn er schläft, hat er wenigstens keinen Hunger!«

Kurt schaut seine Mutter zerknirscht an und wundert sich einmal mehr über ihre Reaktion. Schweren Herzens muß er sich eingestehen, daß etwas zwischen ihnen kaputt- oder verlorengegangen ist: das stille Einvernehmen, das spontane Zutrauen, das Gefühl, sich bedingungslos auf den anderen verlassen zu können.

»Es ist nicht Nikolas' Schuld, wenn er Hunger hat«, sagt er in vorwurfsvollem, aber ruhigem Ton und fügt dann etwas strenger hinzu: »Er magert ab. Du hast die Pflicht, ihn zu ernähren!«

Ludwika starrt ihn verwirrt an. Sein erwachsenes Auftreten überrascht sie. Einen Moment lang ist sie wie erstarrt.

»Du solltest nicht in diesem Ton mit mir reden«, murmelt sie dann traurig. Und plötzlich liest ihr Sohn in ihrem Gesicht so etwas wie einen Hilferuf – ein stummes Bekenntnis ihrer Ratlosigkeit, ihrer Verletzlichkeit, ihrer Unfähigkeit zu reagieren.

»Gib ihn mir«, sagt Kurt spontan und streckt die Arme aus. Dankbar, fast erleichtert, reicht ihm die Mutter das kleine Kind. Kurt beginnt es sanft zu wiegen. Er liebt es so sehr, dieses unschuldige kleine Wesen, dem das Schicksal so übel mitspielt – nach nur drei Monaten auf dieser Erde aus der Sicherheit und Wärme des Heims gerissen zu werden, die Qualen einer solchen Flucht ertragen zu müssen, Kälte, Mangel an jeglicher Hygiene und eine Mutter, die es nicht ausreichend ernähren kann.

Plötzlich sieht Kurt eine Gruppe von Menschen mit traurigen Gesichtern; sie begleiten eine junge Mutter, die ein winziges Kind an ihre Brust drückt. Kurt beobachtet sie einen Moment lang, und dabei wird ihm ganz bange. Rasch gibt er Nikolas wieder an die Mutter ab und sagt: »Ich gehe nachsehen, was da los ist.«

»Bleib hier!« schreit ihm die Mutter nach, aber er ist schon weg.

Als er bei der Prozession angekommen ist, fragt er eine Frau, wohin sie gehen, aber sie schüttelt nur traurig den Kopf. Also schließt Kurt sich dem Zug an.

Nach wenigen Metern treffen sie auf zwei Männer, die eine Art Bahre tragen. Ein Mädchen liegt darauf. Kurt erkennt sofort, daß es eine seiner Schulkameradinnen ist. Er bleibt wie vom Blitz getroffen stehen, Schauder durchfahren ihn von Kopf bis Fuß.

Kann das wahr sein? Sollte Bärbl Breithofer wirklich ...

Kurt ist wie betäubt, während die schreckliche Wahrheit langsam in sein Bewußtsein dringt. Plötzlich überkommt ihn der unwiderstehliche Drang, zum Wagen zurückzurennen und sich unter Kissen und Decken zu vergraben ... sich wie in einem schützenden Mutterbauch zu verstecken, um der Wirklichkeit nicht ins Gesicht sehen zu müssen.

Doch dann reißt er sich zusammen, weil er sich an die Worte des Großvaters erinnert: Ab jetzt mußt du vernünftig sein wie ein Großer. Er strafft die Schultern, preßt die Lippen zusammen und folgt tapfer den anderen.

Die junge Mutter legt ihr Kind langsam am Straßenrand ab, und die Bahrenträger tun das gleiche mit Bärbl: Sie legen sie neben die kleine ..., neben die kleine Leiche. Ja, das ist es. Jetzt findet Kurt den Mut, die entsetzliche Wahrheit in Worte zu fassen: Die beiden Kinder sind tot.

Nach und nach haben sich alle erwachsenen Flüchtlinge versammelt, nur Mütter und Kinder, denen man das traurige Schauspiel ersparen möchte, sind in den Wagen geblieben. Irgend jemand bedeutet Kurt, auch zu gehen, aber er ist entschlossen zu bleiben.

Endlich entdeckt er zwischen den Anwesenden seinen Großvater. Er stellt sich neben ihn und faßt ihn trotz seines Vorsatzes, sich als Großer zu benehmen, an der Hand.

Der Alte dreht den Kopf. »Du solltest eigentlich im Wagen bleiben«, murmelt er leise. »Hat Mama dir das nicht gesagt?«

»Doch ... Aber ich will hier sein, Opa.«

Großvater Linke widerspricht nicht und flüstert: »Die beiden Kinder sind heute nacht im Schlaf erfroren.«

Kurt starrt niedergeschmettert auf die beiden nebeneinanderliegenden Leichen am Straßenrand, und voller Entsetzen fällt ihm plötzlich ein, daß auch Nikolas dort liegen könnte! Da hält er den furchtbaren Anblick nicht mehr aus und muß den Blick abwenden.

»Warum werden sie nicht begraben?« wispert er irgendwann.

»Weil die Erde gefroren ist«, erwidert der Großvater. »Sie ist so hart, daß man keine Gräber ausheben kann.«

»Aber, Opa, es ist doch schrecklich, sie einfach so liegenzulassen ...«

»Ja, mein Junge, das ist schrecklich.«

Jetzt hat der Treckführer seine dicke Lammfellmütze abgenommen und schickt sich an, ein paar Worte zu sagen. Er räuspert sich mehrmals und ist sichtlich getroffen. Unter einem eisigen, tiefblauen Himmel, der das Gefühl von ewigem Frieden vermittelt, entscheidet er sich schließlich für ein Zwischending zwischen Gebet, Grabrede und Beileidskundgebung für die schwer getroffenen Familien. Er spricht im Namen des ganzen Flüchtlingszugs. Die Mütter der toten Kinder stehen wie versteinert dort.

Und wieder stellt Kurt sich vor, wie es wäre, wenn am Rand dieser Straße, den Ratten zum Fraß preisgegeben, sein Bruder Nikolas läge, und da bleibt ihm plötzlich die Luft weg. Sein Herz rast, seine Kehle ist wie zugeschnürt. Einen heftigen Würgereiz unterdrückend, rennt er davon und bleibt erst stehen, als er bei Theodor ankommt.

Das Pferd schnaubt und kratzt mit den Hufen im Schnee, als merkte es, was mit ihm los ist. Erst nachdem Kurt sich erbrochen hat, geht es ihm ein wenig besser und er kann zu seiner Mutter in den Wagen zurück.

Achter Fluchttag.

Der Treck hat das dritte Pferd verloren, und die Frauen streiten um die besten Stücke. Dabei fallen zahlreiche grausame Bemerkungen über die Ältesten unter ihnen. »Erst die Jungen, dann der unnütze Ballast!« keift die Frau des Hufschmieds, ein hysterisches Zentnerweib, das in seiner Vermummung noch fetter wirkt als sonst. Großvater Linke hat sie wegen ihrer groben, aggressiven Art noch nie gemocht.

Unterdessen schneit es auf den noch dampfenden Kadaver des Pferdes, und das Schneegestöber wird von Stunde zu Stunde dichter, bis man kaum noch etwas sieht. Erst am Abend hört es auf zu schneien, und dann können die Flüchtlingsfamilien endlich das Stück Fleisch kochen, das jeder von ihnen zugeteilt worden ist. Die Linkes haben etwas Leber abbekommen, aber Kurt hat einen Kloß im Hals.

Es will ihm nicht in den Kopf, wie man das Fleisch dieser braven, treuen Tiere essen kann, die sich völlig verausgaben, um die Flüchtlinge heil an die Ostsee zu bringen. Er würde niemals zulassen, daß Theodor – so man ihn töten müßte – geschlachtet und sein Fleisch an die übrigen Treckmitglieder verteilt würde!

Als praktisch denkender Bauer, der Tiere zwar respektiert, sie aber auch als Nahrungsquelle betrachtet und schätzt, versucht Großvater Linke seinen Enkel zur Vernunft zu bringen; aber diesmal läßt Kurt nicht mit sich reden.

»Ich will nicht, daß wir die Leber essen!« So entrüstet und störrisch hat der Großvater ihn noch nie erlebt. Und als der Alte sich anschickt, dem heftigen Protest seines Enkels zum Trotz, die Leber auf dem kleinen Kocher zu braten, wirft sich Kurt enttäuscht und verbittert auf den Strohsack und vergräbt das Gesicht in einer Daunendecke. Es wird das einzige Mal sein, daß er sich während der Flucht wie ein Kind benimmt. Wie ein dickköpfiges, trotziges Kind.

Ungeachtet dessen verspeisen Großvater Linke und seine Schwiegertochter die frische Leber des armen verunglückten Pferdes mit großem Appetit. Es hatte Caesar geheißen und war ein prächtiges Zugpferd französischer Herkunft gewesen, genau wie Theodor.

In der Nacht donnert ein Geschwader sowjetischer Kampfflieger über den pechschwarzen Himmel; zum Glück sind jedoch alle Lagerfeuer des Zugs bereits erloschen.

Am darauffolgenden Morgen werden sie kurz nach Sonnenaufgang von anhaltendem Hupen geweckt. Zu Tode erschrocken, kriechen die Flüchtlinge nach draußen. Auch Kurt, der bereits wach war, klettert vom Wagen, gefolgt von Großvater Linke, der sich niedergeschlagen fragt, welche Überraschung nun wieder auf sie wartet ...

Sie sehen einen kleinen Mannschaftswagen der Militärpolizei, ein in graugrünen Tarnfarben gestrichenes Fahrzeug, an dessen Seite das Hakenkreuz prangt.

»Gewitter im Anzug«, flüstert der Großvater und drückt Kurt die Schulter.

Zwei Uniformierte sind ausgestiegen, und einer von ihnen beginnt jetzt, in ein Megaphon zu brüllen. Sie suchen Rekruten für den Volkssturm.

»Das hat uns gerade noch gefehlt«, murmelt der Großvater voller Verachtung. »Schergen des Regimes, bis zum letzten Moment!«

Der Uniformierte, der ein knochiges weißes Gesicht hat, brüllt weiter. Wenn sich unter den Flüchtigen Männer zwischen sechzehn und fünfundsechzig Jahren befänden, sollten diese lieber gleich vortreten, denn die Wagen würden auf alle Fälle durchsucht werden.

»Jesus Maria ...«, stöhnt der Großvater.

Die Szene hat etwas Irreales: Der Mensch mit dem knochigen Gesicht hat das Megaphon sinken lassen, und die mächtige Stille der Winterlandschaft hat sich auf die Flüchtlinge gesenkt, die, in ihre Decken und Daunen gehüllt, stumm auf die beiden Uniformierten starren.

Zwei, drei Minuten vergehen, aber keiner tritt vor. Da zücken die beiden Männer ihre Pistolen und beginnen unter Androhung der schlimmsten Repressalien die Wagen zu durchsuchen. Am Ende finden sie, was sie suchen: einen ehemaligen Veterinärarzt und ein schmächtiges Bürschchen, das Husten hat und eigentlich erst in einem Monat sechzehn wird. Die beiden stoßen sie aus ihren Wagen und treiben sie mit Fußtritten zu dem wartenden Auto.

»Los, wird's bald, verdammte Deserteure! Vaterlandsverräter!«

Während sie die Unglücklichen unter Schlägen in den Mannschaftswagen befördern, versuchen sich die Angehörigen der beiden zu widersetzen. Mein Mann hat schon zwei Herzinfarkte gehabt, sagt die Frau des Tierarzts verzweifelt, und der Junge ist krank, er kann sich kaum auf den Beinen halten, fleht dessen Mutter. Auch der Treckführer tritt vor und versucht, sich durch die Autorität seines Alters Gehör zu verschaffen, doch er erntet nichts als einen Hagel Stockschläge, bevor er halbohnmächtig zu Boden sinkt.

Zehnter Fluchttag.

Die Temperaturen sind gestiegen, und die Straße hat sich sofort in einen einzigen Morast verwandelt. Die Pferde rutschen aus, und die Wagenräder drehen durch und bespritzen die nachfolgenden Wagen mit Schlamm. Der Treck kommt nur noch langsam voran; mühsam schleppt man sich dahin.

Am Nachmittag bringt eine junge Frau, deren Mann schon vor mehreren Monaten an der Front gefallen ist, ein winziges Frühgeborenes zur Welt.

Wenigstens einen Vorteil hat das Schneckentempo der Karawane: Die Leute mit Durchfall können sich länger im Straßengraben aufhalten. Ein kleiner Junge hat Blut im Stuhl. Kurt, der es gesehen hat, ist ziemlich erschrocken. Aber sein Darm ist in Ordnung, und auch Nikolas, die Mutter und der Großvater haben keine Probleme damit, und das tröstet ihn ein wenig.

Als hätten sie mit dem Morast nicht schon genug zu kämpfen, kommt eines Morgens auch noch Sturm auf. Die Windböen sind so heftig, daß man jeden Moment fürchten muß, die Wagen könnten kippen.

Am Abend sind alle erschöpft und nervös. Und kaum, daß sie sich für die nächtliche Rast eingerichtet haben, taucht wieder eine kleine Schar deutscher Soldaten auf, die den Anschluß an ihre Truppeneinheit verloren haben. Auch sie bitten um Essen. Der Lebensmittelvorrat der Flüchtlinge geht bereits zur Neige, trotzdem spendet jeder etwas für die hungrigen Soldaten. Immerhin sind sie es, die sich dem Vormarsch der Russen in Ostpreußen noch entgegenstellen. Obwohl dieser Vormarsch nicht aufzuhalten ist, wie die Männer berichten. Bald wird die Rote Armee in Königsberg, Osterode und Marienwerder sein. Sie bereiten einen Kessel vor – ähnlich wie in Stalingrad. Wo sie durchkommen, brennen sie Dörfer nieder und ermorden alle, selbst die Kinder. Und sie vergewaltigen Frauen jeden Alters. Das ist ihre Rache. Die deutschen Soldaten haben es eilig, sie müssen ihre Truppe wiederfinden.

Wann der Krieg wohl beendet sein wird, wollen die besorgten Flüchtlinge wissen.

Im Osten stehe die Niederlage unmittelbar bevor, ebenso im Westen.

»Gott rette Deutschland!« ruft die strenggläubige Frau Görlicher aus.

»Gott hat anderes im Kopf«, meint einer der Soldaten sarkastisch und spuckt auf den matschigen Boden.

»Dafür wird er Sie bestrafen, das ist Gotteslästerung«, schimpft die Frau und hebt drohend ihren weißen Finger.

»Ihr Gott wird uns noch alle in der Scheiße begraben«, entgegnet der Soldat verächtlich. »Bigotte alte Schwärmerin!«

»Lästermaul!« keift die Frau mit erhobenen Fäusten.

Der Soldat tippt sich nur an die Stirn.

Kurt graut es vor dem Wort »Vergewaltigung«. Er weiß nicht genau, was es bedeutet, ahnt aber, daß es um etwas Furchtbares geht. Etwas Gewalttätiges, das die Männer den Frauen antun ... Nicht alle natürlich, nur die Bösen. Und die Russen sind mit Sicherheit böse, keine Menschen, sondern Bestien. Kurt haßt sie. Er haßt sie von ganzem Herzen, diese Russen, die (wie ihm in der Schule erklärt wurde) Deutschland angegriffen und zur Selbstverteidigung gezwungen haben. Und jetzt rücken sie in Ostpreußen vor, töten jeden, der ihnen über den Weg läuft, sogar Kinder, und vergewaltigen die Frauen. Was dies auch immer bedeutet, es muß sich um etwas wirklich Grauenvolles handeln, wenn ein ganzes Volk davor flieht. Unter den Flüchtlingen des Trecks zirkulieren schreckliche Gerüchte über die Russen. Daß sie ein Volk von Barbaren sind. Eine minderwertige Rasse, grausam und wild. Und daß sie auf ihrem Vormarsch nach Westdeutschland nichts als verbrannte Erde hinterlassen, also alles zerstören wollen – Städte, Häuser, Tiere, Menschen.

Die sowjetischen Soldaten sind auf ihrem Vormarsch in den Westen allerdings auch durch von Deutschen zerstörte Städte und Dörfer gekommen, haben die errichteten Galgen gesehen und die Massengräber voll ermordeter Russen. In Polen sind sie auf die ersten Konzentrationslager gestoßen. Sie haben Hunderttausende von Kameraden fallen sehen, viele von ihnen waren fast noch Kinder. Und erst die Horrorgeschichten, die sie gehört haben, von wehrlosen alten Menschen, die zu Tode gefoltert wurden, von Kindern, die zuerst terrorisiert und dann zum Kriegsdienst gezwungen wurden, von Frauen und Mädchen, die zu Tausenden vergewaltigt wurden. Jahrelang wurde in ihnen der Haß gegen alles, was deutsch war, geschürt. Aus ihrer Sicht waren die Deutschen keine Menschen, sondern Tiere, die nur den Tod verdient hatten. »Die Faschisten«, schreibt Ilja Ehrenburg, »verüben unvorstellbare Greuel, sie huldigen dem Kult der Gewalt und des Todes.« Im Oktober 1944 überquerten die sowjetischen Panzer zum ersten Mal die Ostgrenze des Reichs und drangen bis nach Goldap und Gumbinnen vor, und ab diesem Moment rächten sich die russischen Soldaten auf brutale Weise für die Greuel, die die Deutschen an ihrem Volk verübt hatten. Am 21. Oktober rollte das 2. Bataillon der 25. Panzerbrigade auf das Dörfchen Nemmersdorf zu. Die Einwohner versuchten noch, die Brücke über die Angerapp zu überqueren und sich am anderen Ufer in Sicherheit zu bringen, aber sie schafften es nicht mehr.

Günter Grass schildert in seinem Buch »Im Krebsgang«, was man sich damals in Deutschland über die Russen erzählte:

»Als wenige Tage nach dem Vorstoß der sowjetischen II. Gardearmee die Ortschaft Nemmersdorf von Einheiten der deutschen 4. Armee zurückerobert wurde, war zu riechen, zu sehen, zu zählen, zu fotografieren und für alle Kinos im Reich als Wochenschau zu filmen, wie viele Frauen von russischen Soldaten vergewaltigt, danach totgeschlagen, an Scheunentore genagelt worden waren. T-34-Panzer hatten Flüchtende eingeholt und zermalmt. Erschossene Kinder lagen in Vorgärten und Straßengräben. Sogar französische Kriegsgefangene, die nahe Nemmersdorf in der Landwirtschaft hatten arbeiten müssen, sind liquidiert worden ...«

Und Nemmersdorf war erst der Anfang.

Dazu kam, daß Stalin seinen Soldaten jeglichen Fronturlaub strich und sie damit zwang, den eigenen Familien jahrelang fernzubleiben. Auch in den Frontzeitungen wurde der Haß auf die deutschen Invasoren beständig geschürt. Bei Ilja Ehrenburg steht zu lesen: »Wenn du im Laufe eines Tages nicht wenigstens einen Deutschen getötet hast, so ist es für dich ein verlorener Tag gewesen.« Die erbitterte Hetzkampagne gegen die Deutschen trug mit Sicherheit auch zu den entsetzlichen Ausschreitungen der Roten Armee bei, deren Opfer die ostpreußische Zivilbevölkerung wurde. »Wir wußten alle«, schreibt Aleksandr Solschenizyn, Artillerieoffizier in Ostpreußen, »daß wir Mädchen, die deutsch waren, vergewaltigen und töten durften. Das war fast so etwas wie ein militärisches Verdienst.« Die Zahl der Greueltaten ging erst zurück, als Gewalt und Unordnung – gefördert auch von den Inhalten der zahlreichen deutschen Weinkeller, die den sowjetischen Soldaten jetzt offenstanden – die Truppendisziplin so stark zu gefährden begannen, daß sich die sowjetischen Generäle gezwungen sahen, der Sache einen Riegel vorzuschieben. Der Appell, keine Gewalttaten an der deutschen Zivilbevölkerung mehr zu verüben, hatte freilich kaum eine Wirkung. Haß und Rachedurst waren zu weit gediehen und nicht mehr einzudämmen. Außerdem, sagten sich die russischen Soldaten, war es ja nicht Rußland gewesen, das den totalen Krieg gewollt hatte: Es war Hitler, es waren die Deutschen gewesen! Das bedeutete die totale und unbestrafte Gewalt, die totale Zerstörung und Vernichtung von Menschen und Dingen. Und jetzt sollten sie auf einmal Mitleid haben und nachsichtig sein mit dem deutschen Volk, das seinen Führer und dessen kriminelle Pläne bis zum letzten unterstützt hatte?

Vergewaltigungen ... alles redet von Vergewaltigungen. Angeblich vergewaltigen und töten die Russen sogar kleine Mädchen und alte Frauen. Da würden sie seine Mutter, die noch jung war, bestimmt nicht verschonen, denkt Kurt. Nicht einmal, wenn sie sehen, daß sie einen Säugling stillte.

Nikolas wird immer magerer, soviel steht fest. Er ist ständig unruhig und brüllt, weil er Hunger hat. Und er hat jeden Tag noch mehr Hunger, aber die Mutter ist ungehalten. Wenn Nikolas zu jammern beginnt und lautstark nach Nahrung verlangt, verläßt Ludwika oft den Wagen und läuft lange nebenher, um ihrer psychischen Anspannung Herr zu werden. Arme Mama: Kurt versteht, daß sie leidet, weil ihr bewußt ist, daß sie ein Problem hat, mit dem sie nicht fertig wird.

Sie weiß, daß etwas mit ihr nicht stimmt. Etwas in ihrem Kopf. Es ist, als steckten zwei Frauen in ihr, eine, die ihr Kind liebt und ihm gern alle Milch gibt, die ihr Körper zu produzieren imstande ist, und eine andere, die aufbegehrt. Gegen das Schicksal, gegen diese irrsinnige Flucht, gegen ihre tödliche Müdigkeit, gegen Kurts Blicke, die immer härter, immer vorwurfsvoller, manchmal regelrecht feindselig werden. Aber sie kann nichts dagegen tun. Sie steht dieser schrecklichen Apathie, dieser

Schwermütigkeit machtlos gegenüber. Diesem immer drängender werdenden Wunsch, sich einfach aufzugeben. Um der ganzen Sache ein Ende zu machen. Es ist ja sowieso nur eine Frage der Zeit ..., das weiß sie. Früher oder später werden die Russen sie einholen und alle miteinander umbringen.

Kurt spürt, daß er Mitleid mit seiner Mutter hat, aber er kann nichts dafür, daß sich in dieses Mitleid auch Ablehnung, sogar etwas wie Verachtung mischt, so sehr er sich dafür schämt. Warum schafft sie es nicht, sich aufzurappeln? Warum läßt sie sich so jämmerlich gehen? Warum zeigt sie sich so schwach? Das ist nicht mehr seine Mutter! Das ist eine Unbekannte, die ihn verwirrt. Die ihn langsam um die Geduld bringt!

Elfter Fluchttag.

Es ist später Nachmittag, als der Treck wegen eines Radbruchs anhalten muß. Der Himmel ist blaßblau, die Wintersonne gerade hinterm Horizont verschwunden.

Nikolas wacht auf, beginnt zu schreien und verlangt nach der Brust seiner Mutter. Die aber scheint ihn gar nicht zu hören. Sie rührt sich nicht, dreht nicht einmal den Kopf nach ihm um.

Kurt starrt sie einen Moment lang fragend an, dann hält er es nicht mehr aus und fragt sie in vorwurfsvollem Ton: »Was ist, Mama, bist du taub geworden? Nikolas schreit!«

Sie zuckt zusammen, als hätte er sie aus tiefem Schlaf oder aus einem Tagtraum gerissen, läuft vor

Wut rot an und verpaßt dem Sohn eine schallende Ohrfeige: »Rede gefälligst anständig mit mir!«

Kurt ist bleich geworden; ohne ein Wort zu sagen, klettert er aus dem Wagen, springt über den Straßengraben und rennt querfeldein auf einen nahe liegenden Wald zu. Der Boden ist mit gefrorenem Schnee bedeckt, und die Eiskruste knirscht bei jedem Schritt, was Kurt überhaupt nicht merkt: Sein Herz blutet förmlich vor verletztem Stolz. Ihn ohrfeigen, das hätte seine Mutter wirklich nicht tun dürfen!

Das Tageslicht nimmt rasch ab, in der Ferne heult ein Hund. Ein Hase rennt im Zickzack über die verschneite Ebene und verschwindet hinter einem Busch, der aussieht, als wäre er aus purem Kristall.

Am Waldrand angekommen, zögert Kurt keinen Augenblick und dringt ein.

Zwischen den Bäumen ist es fast schon dunkel, der Wald wirkt wie verzaubert. Kurt stolpert über Wurzeln und Steine, seine Füße verfangen sich in Ästen und Zweigen. Eine Schnee-Eule stößt ihr unheimliches »Uhuhuuu, uhuhuuu« aus.

Der Junge bleibt stehen und lauscht dem Murmeln des Waldes. Er stellt sich vor, daß Gnome und böse Geister sich hinter den Baumstämmen verstecken. Dann blickt er nach oben und fühlt sich unter dem mächtigen Dach der Nadelbäume plötzlich sehr klein und hilflos.

In einem neuerlichen Anfall von Entrüstung preßt er die Lippen zusammen: Seine Mutter hätte ihn nicht ohrfeigen dürfen – der Gedanke daran quält ihn. Nach und nach jedoch überkommt ihn unendliche Traurigkeit.

Vielleicht hat Mama ja doch recht: Es ist alles sinnlos. Die Russen werden sie einholen und alle Flüchtlinge des Trecks umbringen. Besser gleich sterben. Warum hat er nicht schon früher den Mut aufgebracht, der Wirklichkeit ins Auge zu sehen? Jetzt scheint ihm alles sonnenklar. Einem dunklen Impuls gehorchend, streckt er sich im verschneiten Unterholz aus, den Kopf an einen gefällten Baum gelehnt. Über ihm biegen sich die Wipfel der Tannen im Wind, und der Himmel dazwischen ist von einem dunklen Kobaltblau. Allmählich werden seine Glieder schwer und immer schwerer, eine süße Benommenheit breitet sich in ihm aus, und das eintönige Rauschen der Bäume macht ihn unendlich schläfrig. Langsam fallen seine Augenlider zu. Alles ist weich und verschwommen, nichts scheint mehr Bedeutung zu haben.

Er muß ein paar Minuten eingeschlummert sein, denn auf einmal schreckt er hoch. Was hat ihn da plötzlich so hellwach gemacht? Er spitzt die Ohren und hört in der Ferne die Stimme des Großvaters. »Kuuurt! Wo bist du? Kuuurt! Antworte!«

Seine Stimme klingt bang und zittert leicht. Die Angst, die Kurt deutlich heraushört, trifft ihn wie ein Blitz, und er hat plötzlich ein sehr schlechtes Gewissen. Was für ein Esel du bist, sagt er zornig zu sich selbst. Was wolltest du? Sterben wie ein Feigling? Mama und Opa noch mehr Leid zufügen? Dabei ist Opa nach dem Tod deines Vaters doch dein verläßlichster Freund geworden. Deine

Lichtquelle, deine eiserne Stütze, dein Bezugspunkt. Dein Vorbild. Dein Ansporn.

Taub vor Kälte, bewegt er heftig die Arme, damit der Kreislauf wieder in Schwung kommt. Dann stürzt er aus dem Wald und erkennt am andern Ende des verschneiten Feldes seinen Großvater.

»Opaaa! Ich bin hier!« Er winkt mit den Armen und weint ein wenig über seine Dummheit. Dann rennt er auf den Großvater zu, der ihn an sich drückt.

»Mein Junge ... mein Junge ... tu das nie wieder, nie wieder.«

In den Wagen zurückgekehrt, läßt sich der Großvater erschöpft auf die Matratze fallen.

»Laßt mich einen Moment ausruhen«, sagt er.

Die Mutter hat den Sohn mit Tränen in den Augen empfangen. Sie hat sich furchtbar erschreckt. Jetzt scheint sie wieder mehr bei Kräften zu sein; sie bittet Kurt um Verzeihung für die Ohrfeige und macht ihm feste Versprechungen. Ab sofort wird alles anders werden, sagt sie. Sie wird sich zusammennehmen und nicht mehr jammern. Kurt beobachtet gerührt, wie sie nervös die Finger ineinander verflicht.

Es ist mittlerweile stockdunkel. Die Mutter kümmert sich eifrig um das Abendbrot. Aber der Großvater sagt, daß er keinen Appetit hat, und bleibt liegen, als komme er nicht gegen seine Müdigkeit an.

Kurt schaut ihn liebevoll und besorgt an. »Ist es, weil ich weggelaufen bin, Opa?«

»Nein, mein Junge, nein«, versichert er ihm mit schwacher Stimme. »Ich fühle mich nicht wohl.«

Schließlich essen Kurt und seine Mutter allein im gelben Schein der Petroleumlampe. Als Nikolas aufwacht und nach Milch verlangt, legt ihn die Mutter an, und diesmal scheint der Kleine endlich einmal richtig satt zu werden.

Die anbrechende Nacht läßt jedoch keinen der Linkes zur Ruhe kommen. Der Zustand des Großvaters verschlechtert sich rapide; er glüht vor Fieber. Die Schwiegertochter kocht ihm einen Kräutertee und macht ihm später mit Kurts Hilfe einen Brustwickel, um den Husten zu dämpfen. Aber es bringt nicht viel. Gegen Morgen geht es ihm ein wenig besser, in der Früh liegt er bleich und ruhig da; er ist bei Bewußtsein, aber sehr schwach, und sein Atem geht flach. Seine Wangen sind eingefallen, die Augen wirken größer als gewöhnlich, die Lippen scheinen vor Durst zu brennen. Kurt beschließt, ihn ausruhen zu lassen und selbst auf den Kutschbock zu klettern. Der Alte schaut ihn an, scheint ihm widersprechen zu wollen, gibt dann aber mit einem Seufzer auf.

Endlich setzt sich der Zug in Bewegung. Das am Wagen aufgehängte Blechgeschirr klappert, dumpf klingt der Hufschlag der Pferde auf dem verschneiten Boden. So bringen sie ein gutes Stück Weg hinter sich. Gegen Abend spricht sich herum, daß zwei Brüder Masern haben. Kurt fürchtet sofort um Nikolas. Das hätte gerade noch gefehlt!

Abends schneit es immer noch, es ist ein gemeiner, dichter Schnee. Der Treck rastet in der Nähe eines nebelverhangenen Flusses, auf dem große Eisblöcke schnell in Richtung Ostsee schwimmen.

Kurt versorgt Theodor und klettert in den Wagen.

Obwohl er traurige Vorahnungen hat, versucht er, fröhlich zu erscheinen, doch beim Anblick des Großvaters zieht sich sein Herz zusammen. Trotzdem fragt er so unbekümmert wie möglich: »Wie geht's, Opa?«

Großvater Linke hebt eine Hand; selbst das scheint ihn Mühe zu kosten. Er bringt ein schwaches Lächeln zustande und schließt sofort wieder die Augen. Kurt würde ihm gern etwas Aufmunterndes sagen, aber seine Stimme versagt nach den ersten Worten. Also schmiegt er sich an den Alten und ergreift seine Hand. Sie ist verschwitzt und fühlt sich so weich und kraftlos an, daß es ihm das Herz bricht.

Kurt wirft seiner Mutter einen hilflosen Blick zu, aber sie schaut weg, als fürchte sie, Kurt könne in ihren Augen lesen, daß sie nicht mehr die geringste Hoffnung auf eine Genesung des Großvaters hat. »Hast du Hunger, Liebling?« fragt sie rasch, um ihn abzulenken. »Soll ich dir was zu essen machen?«

»Nein, ich hab' keinen Hunger«, erwidert der Junge brüsk.

»Aber du hast seit Stunden nichts gegessen!« meint die Mutter.

Kurt winkt ab. »Sag mir lieber, ob Nikolas getrunken hat.«

»Dreimal«, lügt die Mutter.

»Gut«, sagt Kurt, obwohl er weiß, daß sie lügt.

Am nächsten Morgen liegt alles unter einer blendenden Schneedecke. Die Flüchtlinge entdecken in der Nähe einen zugefrorenen See, den sie am Vorabend nicht gesehen haben. Der azurblaue Himmel erinnert an einen riesigen Seidenbaldachin, kein Wölkchen trübt ihn mehr.

Kurt und seine Mutter haben kein Auge zugetan. Dem Großvater geht es schlecht, er hat die ganze Nacht fürchterlich gehustet und atmet nur noch sehr mühsam. Kein Kräutertee kann ihm mehr Linderung verschaffen. Kurt klettert mit resoluter Miene auf den Kutschbock.

Am frühen Nachmittag bietet sich den Flüchtlingen ein grausiger Anblick: Unmittelbar hinter einer Kurve sehen sie Dutzende von umgestürzten Wagen, unter denen sterbende Menschen und Pferde durcheinanderliegen.

Einen Moment lang sind alle sprachlos, wie erstarrt. Kiepnitz reagiert als erster, er befiehlt den Frauen, die kleinen Kinder wegzubringen. Kurt bleibt reglos, mit weit aufgerissenen Augen und stockendem Atem auf dem Kutschbock sitzen.

»Das waren die Russen«, hört er einen alten Mann in seiner Nähe in stark litauisch gefärbtem Deutsch sagen. »Diese Schweinehunde haben die Wagen mit ihren Panzern überrollt!«

Kurt starrt immer noch auf das apokalyptische Bild und merkt, daß seine Knie zittern. Er spürt den Wahnsinn, der hier am Werk war, er sieht, er hört ihn, und jedes Stöhnen, jedes noch so leise Wimmern der Opfer dringt wie ein Dolch in sein Herz. O mein Gott, schießt es ihm plötzlich durch den

Kopf, das waren Flüchtlinge wie wir, statt ihrer könnten wir das sein. Offensichtlich befanden sie sich nicht mehr auf deutschem Gebiet! Demnach schwebten auch sie in akuter Gefahr. Ja, wären sie nur ein paar hundert Meter weiter gewesen, dann wäre das ihnen passiert ... Der Gedanke ist entsetzlich, er schnürt ihm die Kehle zu, erfüllt ihn mit bodenloser Angst.

Der Treckführer hat unterdessen zusammen mit anderen Männern begonnen nachzusehen, ob der eine oder andere Flüchtling vielleicht noch zu retten ist, obwohl das fast unmöglich scheint.

Kurt beobachtet sie zähneklappernd, bis sich ihm irgendwann der Magen umdreht. Er rennt zum Straßenrand, erbricht sich, kehrt aber dann wie gebannt an den Ort der Tragödie zurück. Plötzlich sieht er, etwa zwanzig Fuß von ihm entfernt, ein kleines Kind, dessen zarter Körper unter ein Wagenrad geraten ist. Er geht zu ihm, bückt sich. Das Kind ist höchstens drei Jahre alt. Es liegt im Sterben. Für den Bruchteil einer Sekunde schiebt sich das Bild seines kleinen Bruders über den gräßlichen Anblick.

Das Kind wimmert herzzerreißend. Kurt möchte wegschauen, aber er kann den Blick nicht abwenden; er ist wie hypnotisiert. Irgendwann rinnt ein dünner Faden Blut aus dem Mund des Kleinen. Dann hört es auf zu atmen.

Kurt springt auf. Sein Herz hämmert wie wild, und alles vor seinen Augen verschwimmt. Im nächsten Moment wird es Nacht um ihn herum.

Als er wieder zu sich kommt, erfährt er, daß zwei der Opfer, für die wenigstens ein Schimmer von Hoffnung zu bestehen scheint, im Wagen der Eheleute Wiedemann untergebracht wurden, die beide während der Flucht gestorben sind. Leider werden sie die nächsten zwei Stunden nicht überleben. Was die übrigen Schwerverletzten betrifft, hat der Treckführer eine schwierige Entscheidung getroffen, die einige aus religiösen Gründen ablehnen, die meisten aber für die einzige akzeptable Lösung halten. So geht jeder von den Männern in den eigenen Wagen zurück, um eine Waffe zu holen – der eine einen alten Karabiner, der andere eine Pistole, der dritte ein Jagdgewehr.

Darf man Menschen aus christlicher Nächstenliebe von ihrem Leiden erlösen, wenn dieses unerträglich ist und keinerlei Hoffnung auf Rettung besteht?

Die schreckliche Episode hat jedem zu Bewußtsein gebracht, daß sie alle in höchster Gefahr schweben – die Rote Armee könnte jeden Augenblick auftauchen. Und dann wäre wirklich alles verloren. Die vom deutschen Heer kontrollierten Fluchtkorridore sind offensichtlich schmal und immer wieder unterbrochen; einen verläßlichen Schutz bieten sie jedenfalls nicht.

Tatsächlich hat Hitler für die Ardennen-Offensive seine letzten Truppenreserven nach Westen verlegt; alles, was er damit erreicht, ist, daß sich der große britisch-amerikanische Ansturm um ein paar Wochen verschiebt. Die Rote Armee aber nutzt die Blöße im Osten aus. Im Januar 1945 überrollt sie die deutschen Verteidigungslinien eine nach der anderen und dringt nahezu ungehemmt von der Weichsel aus in den Westen vor. Am 27. Januar rasseln die ersten sowjetischen Panzer über die zugefrorene Oder in Richtung Berlin.

Großvater Linke bekommt von alledem nichts mit: der Halt des Trecks am frühen Nachmittag, die grausige Entdeckung der Wagen, unter denen Menschen und Pferde im Sterben lagen ... Kurt hat es vorgezogen, ihm nichts davon zu sagen. Der Großvater ist krank, da will er ihm zusätzliche Qualen ersparen. Zumal es keine Medikamente für ihn gibt. Kurt selbst aber sieht die schreckliche Szene ständig vor seinem geistigen Auge. Wie viele Menschen waren dort wohl von den Ketten der sowjetischen Panzer zermalmt worden? Vor allem das Bild des sterbenden Kindes will ihm nicht aus dem Kopf. Er wird es sein Lebtag nicht mehr vergessen, dessen ist er sich sicher. Zugleich spürt er die drohende Gefahr, sie ist allgegenwärtig wie ein böser Geist, der ihn beständig daran erinnert, daß ihrer aller Leben an einem seidenen Faden hängt.

Kurt erwacht im Morgengrauen. Die anderen schlafen noch, auch Großvater Linke. Er scheint jetzt wieder etwas regelmäßiger zu atmen, und seine Stirn fühlt sich nicht mehr ganz so heiß an. Vielleicht besteht ja doch ein wenig Hoffnung. Noch kann er es schaffen, im Grunde ist er ein harter

Knochen, wie er selbst immer sagt. Nach der spanischen Grippe war er nie wieder krank gewesen, nicht einmal erkältet. Armer Großvater. Mit so einem gemeinen Husten hat er wirklich nicht gerechnet; unter normalen Umständen wäre er ihn gleich wieder losgewesen, aber bei dieser Eiseskälte Tag und Nacht hat es ihn doch übel erwischt. Immerhin scheint es ihm jetzt etwas besserzugehen, denkt Kurt und seufzt erleichtert. Lieber Gott, steh ihm bei! Mama, Nikolas und ich brauchen Opa!

Nach einem letzten Blick auf seine Lieben schlüpft Kurt in die Daunenjacke und springt vom Wagen.

Wie kalt es ist! Kurt bewegt die Arme, um die tauben Glieder zu wärmen. Sie müssen jeden Morgen Gott danken, nicht im Schlaf erfroren zu sein.

Kurt schaut sich um; er kann sich nicht daran gewöhnen, täglich eine fremde Landschaft vor sich zu haben. Er hängt am Gewohnten, das gibt ihm Sicherheit. Abenteuer und Überraschungen mag er nicht. Wenn er morgens im Planwagen aufwacht, vermißt er den Hof mit den gackernden Hühnern und dem frechen Gockel Alarich, den feuchten, süßlichen Geruch des Stalls und die sanften Blicke der Kühe. Er würde gern Ralphis Kette rasseln hören und sich über die Rückkehr von Großvaters Nachtigall freuen ... Sein Herz krampft sich zusammen. Wird er seinen Bauernhof je wiedersehen?

Nicht weit von ihrem Rastplatz sieht er ein großes Gut. Ställe, Getreidespeicher, Scheunen und

Schuppen heben sich dunkel von den schneebedeckten Feldern ab, nur der Kamin des Gutshauses raucht nicht. Ein Kamin, der im Winter nicht raucht, ist wie ein Mensch, der nicht atmet. Wahrscheinlich haben auch diese Leute alles verlassen und vor den Russen fliehen müssen, denkt Kurt, genau wie wir. Vor den russischen Bestien, die auf ihrem Vormarsch die Dörfer anzünden und die Bevölkerung ermorden! Kurt erschauert. Aus der Ferne dringt das markerschütternde Heulen eines Hundes an sein Ohr. Vielleicht ist es ein verlassener Hofhund. Womöglich haben die Bauern ihn vor ihrer Flucht nicht einmal losgekettet. Ralphi konnte wenigstens wählen, ob er seines Weges ziehen oder bleiben wollte. Bleiben, um einen verlassenen Bauernhof zu bewachen.

Auf einem Lattenzaun hocken nebeneinander vier Raben. Sie sehen aus, als wären sie in den Schnee der weißen Felder gemeißelt, und wirken ein wenig unheimlich.

Kurt wendet den Blick ab. Diese Vögel sind Unglücksboten. Er gibt sich einen Ruck und geht zu Theodor. Das Pferd freut sich; es schnaubt, kaut auf seiner Gebißstange herum und schüttelt die Mähne. Kurt klopft ihm liebevoll auf die Flanken.

»Brav, Theodor. Du bist das liebste Pferd der Welt«, sagt er und bindet ihm den Hafersack um.

Hier und da springt jemand aus seinem Wagen, reckt die steifen Glieder und sucht mit besorgtem Blick den Himmel nach sowjetischen Aufklärern ab. Die Temperaturen sind sehr niedrig, der Himmel mit Schneewolken verhangen. In Kürze wird sich die Kolonne der zunehmend erschöpften und niedergeschlagenen Flüchtlinge wieder in Bewegung setzen. Einige von ihnen haben erste Erfrierungen an den Füßen, andere, wie Großvater Linke, sind an Lungenentzündung erkrankt oder haben Probleme mit dem Darm.

Besonders besorgniserregend ist der schlechte Gesundheitszustand der alten Leute; die meisten von ihnen sind am Ende ihrer Kräfte, viele würden sich am liebsten davonstehlen, um der Qual ein schnelles Ende zu bereiten. So mancher Alte mit weißem Stoppelbart und wankendem Schritt erinnert in nichts mehr an den kernigen preußischen Bauern, der er einmal gewesen war, sondern eher an einen knorrigen Baum, an dem die Äxte der Holzfäller ihre Kerben hinterlassen haben.

Eine Frau aus Kurts Dorf hat sich auf einen Meilenstein entlang der Straße gesetzt, Schuhe und Strümpfe ausgezogen und angefangen, sich die Füße mit Schnee abzureiben. Ihr Mann war der Briefträger gewesen; dann wurde er eingezogen und war später in Griechenland gefallen. Er hatte täglich viele Kilometer auf seinem Dienstrad zurückgelegt, um den Bewohnern der Gemeinde ihre spärliche Post zu bringen.

»Ich hab' einen Fuß, den spüre ich gar nicht mehr«, klagt die Frau an Kurt gerichtet. »Aber er wird schon wieder zu sich kommen ..., hoffe ich.«

Kurt nickt teilnahmsvoll.

»Wenn er das nicht tut, dann wehe mir«, fügt sie düster hinzu. »Dann heißt das, daß er brandig wird.«

Kurt schaut interessiert zu, wie sie sich den Fuß massiert, und er wagt zu fragen: »Was ... was ist, wenn der Fuß brandig wird?«

Die Frau, sie heißt Frau Kucknic, hält inne, schaut ihm fest in die Augen und sagt mit wütender Stimme: »Dann müßte man ihn amputieren, mein Junge, und schuld daran wäre einzig dieser elende Gefreite!«

»Was für ein Gefreiter?« fragt Kurt.

»Hitler natürlich, wer sonst?« poltert Frau Kucknic. Sie trägt eine etwas eigentümliche Pelzmütze, mit der sie aussieht wie ein Kosakenoffizier.

Sie fährt fort, sich den Fuß energisch mit Schnee abzurubbeln. Ihr grober Mantel aus kratziger Wolle ist vorn offen; darunter trägt sie drei dicke Pullover, einen über dem anderen, und vor ihrer Brust baumelt ein goldenes Kreuz. Trotz ihrer ruppigen Art ist sie eine sehr gläubige Frau.

»Wie geht es deinem Großvater?« fragt sie nach einer Weile. Als sie jedoch Kurts zweifelnde Miene bemerkt, fügt sie rasch hinzu: »Du wirst sehen, er wird wieder gesund. Dein Großvater gibt nicht so leicht auf, darauf kannst du dich verlassen.«

Einer der Raben beginnt zu krächzen.

»Willst du wohl still sein, häßliches Vieh!« schimpft Frau Kucknic und droht ihm mit der Faust. »Ich hasse diese Biester«, sagt sie zu Kurt. »Sie bringen Unglück.«

Kurt zuckt mit den Schultern und murmelt: »Ich geh' dann mal nach Opa schauen.«

»So ist es recht«, lobt ihn Frau Kucknic. »Und grüß ihn schön von mir, hast du gehört.«

Kurt klettert auf den Wagen und schlüpft geräuschlos unter die Plane. Seine Mutter und Nikolas schlafen noch. Besser so, denkt er zufrieden. Dann beugt er sich über den Großvater, berührt seine Stirn mit den Lippen, um zu fühlen, ob er noch Fieber hat, aber da gefriert ihm plötzlich das Herz. Hier stimmt was nicht.

Irgendwas stimmt hier nicht.

Er hält die Luft an: Großvater Linke ist tot.

Kurt streckt sich neben dem Großvater aus und nimmt sacht seine Hand; sie ist schon kalt. Kurt kann nicht weinen, der Schmerz und eine Art wütende Ungläubigkeit haben sein Herz zum Erstarren gebracht. Er verspürt eine unbeschreibliche Trauer. Draußen ist Wind aufgekommen, pfeifende Böen schütteln die Wagenplane. Die Mutter wacht auf, öffnet die Augen und schließt sie gleich wieder, als wolle sie den Schlaf darum bitten, ihr noch ein paar Minuten Vergessenheit zu schenken, bevor sie sich wieder der schrecklichen Wirklichkeit stellt, bevor sich erneut das Leid in ihr ausbreitet. Noch ein paar frohe Bilder, die jetzt weit zurückzuliegen scheinen: die grünen Wiesen ihres kleinen Anwesens und der angrenzende Wald aus Fichten, Lärchen und Tannen … das lebendige, strahlende Zitronengelb der Forsythien im Frühling … die Rückkehr jenes zarten Vögelchens, das Großvater Linke des schönen Gesangs wegen hartnäckig Nachtigall genannt hatte. Ludwika wiegt sich noch eine Weile in ihren bunten Phantasien, bevor Nikolas' leises Wimmern sie in die Wirklichkeit zurückholt.

Wird der Wind einen Schneesturm bringen? Was wird ihnen der neue Tag wohl bescheren? Werden sie ein gutes Stück Weges vorwärtskommen? Und, vor allem wird es dem Kranken besser oder schlechter gehen?

Sie schlägt die Augen auf, starrt auf die flatternde Wagenplane und lauscht auf die Atemgeräusche des Großvaters. Aber sie hört nichts, nicht das kleinste Husten. Heiliger Gott, mach, daß es ihm bessergeht!

Sie schält sich aus ihren Daunendecken und nähert sich leise dem Großvater. Als sie Kurt wie eine Efeuranke an seinen Großvater geschmiegt sieht, betrachtet sie die beiden gerührt. Nikolas weint jetzt lauter. Die Frau wirft einen Blick auf ihn, dann beugt sie sich über den Alten und befühlt seine Stirn.

Eine Sekunde später stockt ihr der Atem. Sie fährt hoch.

»Mein Gott ... Mein Gott ...«, murmelt sie und streicht ihrem Sohn über den Rücken. »Kurt, Liebling ...« Aber der Junge reagiert nicht. »Es tut mir leid. Es tut mir so leid«, wiederholt sie traurig und versucht Kurts freie Hand zu ergreifen. Aber er zieht sie brüsk zurück und drückt sich nur noch fester an den Körper des Alten. Da läßt ihn die Mutter in Ruhe, zieht ihren Pelzmantel über, nimmt den noch für die Nacht eingemummten Säugling in den Arm und klettert aus dem Wagen.

Herr Kiepnitz, der Treckführer, zeigt sich schwer getroffen über den Tod des alten Linke, mit dem er zusammen zur Schule gegangen ist und den er wie alle im Dorf sehr geschätzt hat. Aber er kommt nicht umhin, Ludwika daran zu erinnern, daß sie auch seine Leiche am Straßenrand liegenlassen müssen.

Eine grauenvolle Vorstellung, bei der es die Frau schüttelt: einfach so, am Straßenrand, das geht doch nicht, dort wird er doch innerhalb kürzester Zeit von wilden Tieren zerfleischt; entsetzlich, gar nicht auszudenken.

»Leider bleibt uns nichts anderes übrig«, erwidert Kiepnitz düster.

»Ich weiß.« Ludwika läßt bekümmert den Kopf hängen. »Aber ich weiß nicht, wie mein Sohn es aufnehmen wird ...«

Als sie in den Wagen zurückkommt, fährt Kurt hoch und starrt sie an wie ein Gespenst. Nikolas beginnt zu schreien, aber Ludwika weiß, daß sie zuerst mit Kurt sprechen und ihm beibringen muß, daß sie den Großvater zurücklassen müssen: Es geht nicht anders, erklärt sie ihm so ruhig und sanft wie irgend möglich, der Treck muß weiter.

Kurt hört ihr mit weit aufgerissenen Augen zu, dann wirft er sich mit einem herzzerreißenden Schluchzer erneut über den steifen Körper des Toten.

Wenig später erscheint Kiepnitz, er spricht wie ein Vater zu ihm oder besser wie ein alter Freund.

Er appelliert an sein Verantwortungsgefühl, sagt ihm, daß jetzt er, Kurt, das Familienoberhaupt ist.

Daß ein Familienoberhaupt seinen Pflichten nachkommen muß, auch wenn es schmerzt. Und Kurt sieht es ein; er senkt den Kopf und nickt.

Fast alle Erwachsenen des Trecks kommen zur Bestattung, nehmen teil an dieser Art Begräbnisfeier, der Kurt nun schon so oft beigewohnt hat. Mit schmalen, blauen Lippen steht der Junge da und betrachtet trockenen Auges und wie versteinert das reglose weiße Gesicht des geliebten Alten: Auf Nimmerwiedersehen, Opa!

Nur einen Moment lang gerät er ins Wanken – als ihn nämlich Gewissensbisse überkommen, weil er in den Wald geflohen ist und der Großvater sich Sorgen gemacht hat.

Die Grabrede ist kurz und bündig und wird vom Wind davongetragen, der immer heftiger bläst. Nach einem Händedruck für die Angehörigen geht man wieder auseinander und bereitet den Aufbruch vor. Nur Kurt kann sich nicht vom Großvater losreißen.

Er beugt sich erneut über ihn, küßt seine blutleere Stirn. »Ich werde dich nie vergessen, Opa.«

Übermütige Windböen klappen den Mantelkragen des Toten hoch, zerzausen Kurts Haare und richten die Fellhaare von Nikolas' Mütze auf; der Kleine hat ein ganz blaues Näschen und starrt unverwandt auf den Toten.

Er war ein Mann mit Herz, weise, einfühlsam, beschützend, seit dem Tod des Vaters für Kurt mehr Vaterfigur als Großvater ... Freund und Ratgeber, Lehrer und Vorbild ... Auf Nimmerwiedersehen, Opa!

Sie haben ihn am Straßenrand niedergelegt, den Kopf an einen Meilenstein mit der Aufschrift »Königsberg 60 Meilen« gelehnt. Die Sechs ist ein bißchen verblaßt, es könnte auch eine Fünf oder eine Acht sein. Kurt wird der kalkweiße Meilenstein, der Großvater Linke als Grabstein dient, ewig im Gedächtnis bleiben.

»Wir müssen gehen«, flüstert die Mutter.

Kurt fährt zusammen, drückt einen letzten Kuß auf die Stirn des Alten, steht auf, sieht seine Mutter mit hartem Gesichtsausdruck an und sagt: »Es gibt keinen lieben Gott, Mama. Sonst wäre Opa jetzt nicht tot. Gott erhört unsere Gebete nicht. Ich werde nie wieder beten.« Und mit diesen Worten geht er auf den Wagen zu, ohne sich noch einmal umzudrehen.

Die Mutter unternimmt in den folgenden Tagen nicht die geringste Anstrengung, sich der neuen Situation anzupassen; im Gegenteil, sie stützt sich völlig auf ihren Sohn. Und verfällt neuerlich in diese Apathie, die Kurt so sehr beunruhigt.

Eines Abends – sie haben wieder einmal gestritten – klettert Kurt wütend aus dem Wagen; er versorgt Theodor mit Futter, hat danach aber keine Lust, in den Wagen zurückzukehren. Um sich etwas zu beruhigen, schlendert er zwischen den anderen Fuhrwerken des Trecks umher. Die Temperaturen sind ein wenig gestiegen, und der sternenbedeckte Himmel blickt gleichgültig und kalt auf das Lager der Flüchtlinge herab.

In und um die Wagen herrscht das übliche abendliche Treiben: Man bereitet das Abendbrot zu, packt die Kinder für die Nacht warm ein, versucht, wenigstens einen Anschein von Hygiene zu wahren. Vielen geht es schlecht, sie haben alle möglichen Krankheiten, auch die Kinder. Wie viele Leichen haben sie bereits am Straßenrand zurücklassen müssen? Kurt hat aufgehört, sie zu zählen.

Er wandert Wagen um Wagen ab, sieht hier und da ein mickriges Lagerfeuer, ansonsten Spirituskocher. Kein einziges Kinderlachen ist zu hören. Die Flüchtlinge sind am Ende ihrer Kräfte, nur ihr zäher Überlebenswille hält sie noch aufrecht und hindert sie daran aufzugeben.

Auch Kurt ist erschöpft, und er macht sich Sorgen um Nikolas. Die Muttermilch reicht nicht aus, der Kleine wird immer magerer. Manchmal ertappt sich Kurt dabei, eine Art Groll gegen die Mutter zu empfinden, die sich nach dem Tod des Großvaters wieder völlig in sich zurückgezogen hat, schlapp und melancholisch ist und ständig über Müdigkeit klagt – eine körperliche und geistige Müdigkeit, gegen die sie nicht ankommt.

Unbewußt ist Kurt zum Wagen des Treckführers gelangt. Kiepnitz teilt ihn mit der Frau seines Neffen, dem Bürgermeister des Dorfes, der irgendwo an der Front ist.

Der Wagen ist robust und innen kälteisoliert. Außerdem hat er Gummiräder und einen Anhänger.

Während Kurt das Fahrzeug nachdenklich und ein wenig neidisch betrachtet, erscheint die junge Frau des Bürgermeisters. Sie setzt sich auf den Wagenrand und beginnt, ihr Kind zu stillen. Kurt beobachtet die Szene wie gebannt, sie läßt Erinnerungen in ihm wach werden; auch gewisse Gerüchte, die im Dorf zirkulierten, kommen ihm plötzlich wieder in den Sinn: Es hieß, der Bürgermeister habe ein Techtelmechtel mit einer schönen Witwe – der Besitzerin des Hotels Zur Post. Überhaupt war in dem kleinen Dorf viel geklatscht worden. Kurt erinnert sich noch gut daran, wie sich die Leute das Maul zerrissen, als eine hübsche junge Bäuerin, die als Vertretung der Haushälterin in die Dienste des Gemeindepfarrers getreten war, neun Monate später ein Kind zur Welt gebracht hatte, ohne einen Mann oder auch nur Verlobten vorweisen zu können.

Er kann den Blick nicht von der stillenden Mutter und ihrem Kind wenden. Das Kleine ist pausbäckig, und auch die Mutter wirkt eher rundlich – eine Ausnahme unter den Flüchtlingen. Hat die ein Glück, denkt Kurt. Vermutlich hat Kiepnitz in seinem Anhänger ausreichende Proviantvorräte und kann die junge Frau, die im Gegensatz zu seiner Mutter energisch und kräftig wirkt, gut ernähren.

Plötzlich spricht die Frau ihn an.

»Was guckst du mich die ganze Zeit an?« fragt sie Kurt.

Ihre Stimme klingt nicht unfreundlich, aber Kurt ist verlegen.

»Einfach so ...«, erwidert er ausweichend.

»Hast du noch nie eine Frau stillen sehen?«

»Doch, meine Mutter stillt auch«, antwortet der Junge rasch. »Ich habe einen kleinen Bruder.«

»Wirklich?«

Die junge Frau betrachtet ihn näher, und ihre Augen nehmen einen gerührten Ausdruck an.

»Aber sicher, du bist doch der kleine Linke! Tut mir leid für deinen Großvater, Junge.« Sie macht eine Pause, dann fragt sie: »Wie alt ist dein Brüderchen?«

»Drei Monate.«

»Genau wie meiner. Geht es ihm gut?«

»Na ja ... nein, eigentlich nicht«, gibt Kurt schweren Herzens zu.

»Was hat es denn?«

»Es ist immer hungrig, weil meine Mutter nicht genügend Milch hat.«

In diesem Moment kommt hinter dem Wagen Treckführer Kiepnitz hervor. Als er Kurt mit der jungen Frau sprechen sieht, sagt er: »Geh zu deiner Mutter, Kurt, und stör die Frau nicht beim Stillen.« Aber die junge Mutter winkt freundlich ab. »Laß ihn nur, Onkel, er stört mich nicht.«

Kiepnitz zuckt mit den Schultern und wird dann von einem Geräusch abgelenkt. Er richtet den Blick zum Himmel, und im selben Moment donnern zwei Jagdflieger der Luftwaffe über sie hinweg.

»Endlich lassen sich die Unsrigen auch mal blicken!« ruft er sarkastisch aus. »Als gäbe es nur im Westen Krieg! Idioten!« Dann schaut er erschrocken auf Kurt und meint rasch: »Du hast nichts gehört, verstanden?«

Die junge Frau schmunzelt und fragt ihren Onkel: »Wovor hast du Angst?«

»Defätismus«, brummt Kiepnitz mit gerunzelter Stirn.

»Pah!« erwidert die Frau spöttisch. »Als gäbe es unter uns armen Teufeln Spione.«

»Man kann nie wissen«, erwidert der Treckführer, klemmt sich den Pfeifenhals zwischen die Zähne und geht.

»Wie alt bist du?« fragt die Frau Kurt.

»Neun.«

»Neun ...«, wiederholt die Frau nachdenklich und überlegt sich vielleicht, ob ihr Kind überhaupt so alt werden wird.

Kurt steht immer noch wie angewurzelt da, irgend etwas fasziniert ihn an dem Anblick der fürsorglichen Mutter.

Die ist inzwischen mit dem Stillen fertig und bringt das Kleine in den Wagen zurück. Danach kommt sie wieder heraus, setzt sich erneut auf den Wagenrand und tut etwas, das Kurt höchst seltsam findet. Sie beginnt nämlich, mit einer Art Ballon Milch aus einer ihrer Brüste zu pumpen; die dicke, fette Flüssigkeit rinnt in ein kleines, bauchiges Gefäß, das an dem Ballon befestigt ist.

Kurt sieht eine Weile verwundert zu, dann kann er sich nicht länger beherrschen und fragt: »Warum machen Sie das?«

»Du meinst, warum ich mir die Milch abpumpe?«

»Ja.«

»Weil ich zuviel habe, mein Junge. Wenn ich das nicht täte, würde mir meine Brust schrecklich weh tun.«

Kurt beißt sich auf die Lippen. Diese Mutter hat zuviel Milch und seine zu wenig. »Warum geben

Sie mir nicht ein bißchen davon ab?« fragte er ganz spontan.

Die Frau ist einen Moment sprachlos und sieht ihn an, als hätte sie nicht richtig gehört. »Du meinst von meiner Milch?« fragt sie dann ungläubig.

»Ja«, erwidert Kurt mit fester Stimme, obwohl er hochrot anläuft. »Mein kleiner Bruder weint dauernd, weil er Hunger hat.«

Die junge Mutter hat verstanden. »In Ordnung, Junge«, sagte sie, »du kriegst die Milch. Wie war noch gleich dein Name?«

»Ku... Kurt.«

»Gut, Kurt, du kommst ab sofort jeden Abend bei mir vorbei und holst dir ein bißchen Milch ab. Und jetzt geh und bring mir ein passendes Gefäß.«

Kurt starrt sie verwirrt an.

»He«, meint die Frau belustigt. »Glaubst du mir etwa nicht?«

»Doch, doch ...«, stottert er.

»Dann lauf schon!«

»Ja, ja!« sagt er und rennt zu seinem Wagen. Bevor er unter die Plane schlüpft, bleibt er einen Augenblick neben Theodor stehen. »Eine Mutter gibt mir Milch für Nikolas!« haucht er auf die haarigen Nüstern des Pferdes. Das schüttelt den Kopf und schielt ihn unter den Scheuklappen hervor an. Es scheint sich zu freuen, scharrt mit den Hufen und wiehert. »Du freust dich, stimmt's?« Kurt lacht und ist mit drei Sprüngen im Wagen.

»Mama, ich bekomme Milch für Nikolas!«

Die Mutter sitzt hinten, die Hände im Schoß gefaltet, und starrt ihn an.

»Was für Milch?« fragt sie, denn sie versteht nicht.

»Muttermilch!«

»Von welcher Mutter?«

»Der Frau des Bürgermeisters!« antwortet ihr Sohn aufgeregt. »Wo kann ich sie reintun?«

»Was, Liebling?« fragt seine Mutter kläglich. Sie hat immer noch nicht begriffen, worum es geht.

»Die Milch der Frau des Bürgermeisters! Sie gibt uns Milch für Nikolas«, erwidert Kurt ungeduldig.

Seine Mutter hebt die Hände und schüttelt energisch den Kopf.

»Kommt nicht in Frage! Was fällt dir überhaupt ein, an so etwas nur zu denken? Schämst du dich nicht?« schimpft sie und macht eine abwehrende Geste, wie um die vermeintliche Schmach von sich zu weisen. »Mein Kind wird mit meiner Milch großgezogen, wenigstens, so lange ich hier noch was zu sagen habe, ist das klar?«

Kurt legt ihr beschwichtigend die Hände auf die Schultern.

»Mama, du schaffst es nicht, meinem Bruder genügend Milch zu geben, sieh das doch ein.«

»Das schaffe ich sehr wohl«, erwidert sie halsstarrig.

»Nein, tust du nicht!« sagt Kurt streng und sieht sich nach einem geeigneten Gefäß um. Als er es gefunden hat, springt er ohne ein weiteres Wort aus dem Wagen und kehrt zu der jungen Mutter zurück. Und die füllt es ihm bis über die Hälfte.

»Aber ihr dürft ihm nicht alles auf einmal geben«, ermahnt sie Kurt.

Kurt ist außer sich vor Freude und drückt ihr einen schmatzenden Kuß auf die Wange.

»Danke ...«, stottert er.

»Ach was«, sagt sie und winkt lachend ab. »Und jetzt nichts wie weg. Wir sehen uns morgen wieder.«

Nikolas scheint die Milch zu schmecken; er trinkt sie in winzigen Schlucken und wirkt dabei sichtlich zufrieden.

Am sechzehnten Fluchttag gelangen sie bei Sonnenuntergang in Sichtweite der Ostseeküste. Der Zug hält an. Jenseits des Frischen Haffs, eines riesigen, jetzt zugefrorenen Küstensees, der mehrere Kilometer breit und durch eine schmale Nehrung vom Meer getrennt ist, liegt Pillau, der letzte ostpreußische Hafen. Genau wie in den Häfen von Königsberg, Danzig, Neufahrwasser und Gotenhafen treffen auch hier laufend riesige Flüchtlingstrecks ein; Tausende und Abertausende von Menschen warten auf ein Schiff, das sie in den Westen bringt. Alle wissen, daß es keinen anderen Fluchtweg gibt; die Rote Armee hat Ostpreußen vom Rest des Landes isoliert, und der tödliche Kessel wird jeden Tag enger.

Den Flüchtlingen bleibt keine andere Wahl, als die riesige Eisfläche zu überqueren. Danach wird es leichter werden – glauben sie wenigstens. Sie wissen natürlich, daß der Krieg auch im Westen wütet, aber dort werden sie nicht ständig die Rote Armee auf den Fersen haben, und allein das läßt sie hoffen.

Die Menschen aus Kurts Dorf sind aus ihren Wagen geklettert, die Lichter von Pillau, jenseits des Haffs, spiegeln sich in ihren Augen, und sie rücken alle ganz dicht zusammen. Sie haben schwierige Tage hinter sich und unzählige Tote am Straßenrand zurückgelassen ... Viele sind krank: Der eine fiebert, der andere hat Durchfall, dem Dritten sind Hände und Füße halb abgefroren, und alle sind extrem geschwächt.

Aber der Gedanke, daß die Rettung so nahe liegt, flößt ihnen Mut ein, schürt ihre Hoffnung und gibt ihnen neue Kraft.

Kurt nimmt Nikolas in den Arm, dreht sein Gesichtchen zum Meer und sagt: »Siehst du das viele Wasser dort draußen? Das ist die Ostsee. Und wir steigen bald in einen großen blauen Dampfer und fahren in den Westen. Verstanden, kleine Maus?«

Der Kleine jammert und stößt immer wieder schrille Schreie aus. Kurt drückt ihn an sich und gibt ihn schließlich seiner Mutter zurück. »Wir haben es fast geschafft, Mama, halt durch! Versprichst du mir das?«

Die Mutter hat Tränen in den Augen. »Ja, mein Sohn.«

Die Überquerung der Eisfläche stellt sich als äußerst schwieriges Unternehmen heraus. Tausende von Flüchtlingen stehen mit Schlitten und Karren Schlange. Hunderte verwundete Soldaten flehen die Leute an, sie auf ihre Wagen zu nehmen und in die Krankenhäuser an der Küste zu bringen. Es wird beschlossen, das Eis bei Nacht zu überqueren, weil man im Dunkeln nicht so leicht zur Zielscheibe für sowjetische Aufklärer wird.

Ein Wagen nach dem anderen wird mit äußerster Vorsicht auf das Eis gelenkt. Die Flüchtlinge wissen, daß sie ein großes Risiko eingehen. Das Eis könnte jeden Moment brechen und der eisige Küstensee Menschen, Wagen und Pferde verschlingen. Einige murmeln vor dem Aufbruch ein Gebet. Lieber Gott, mach, daß wir heil nach Pillau kommen ...

Zum Glück ist es eine dunkle, sternenlose Nacht.

»Hü, Theodor!«

Diesmal sitzt die Mutter mit Nikolas im Arm neben Kurt auf dem Kutschbock, und auch sie treibt das Pferd an.

»Hü, Theodor!«

Als das Tier instinktiv die Tiefe unter der Eisschicht spürt, beginnt es zu zittern.

Hier und da kann man kleine vereiste Bündel auf der gefrorenen Seeoberfläche erkennen: erfrorene Kinder, die zurückgelassen und vom Schnee mit einem weißen Leichentuch bedeckt worden sind. Ludwika drückt den kleinen Nikolas an sich.

Gegen Mitternacht hören sie das Dröhnen von Flugzeugmotoren. Die Russen! Wie Raubvögel stürzen sich die Bomber (sechs? sieben? Oder noch mehr?) auf den Treck, nehmen Karren, Menschen und Tiere, die dem Angriff hilflos ausgeliefert sind, unter Beschuß, steigen wieder auf und kehren abermals im Sturzflug zurück.

Kurt hat Mühe, das Pferd im Zaum zu halten, es scheut. Schließlich muß er absteigen und neben

Theodor gehen, damit er ihn führen und beruhigend auf ihn einreden kann.

Plötzlich hört man ein gräßliches Splittern, Ächzen, Gurgeln ... und gleichzeitig das Schreien und Stöhnen von Verletzten.

»Mama, schau dich um und sag mir, ob du was siehst!«

»Sie haben geschossen ...«, stammelt die Mutter entsetzt. »Sie haben unseren Treck beschossen ...«

Irgendwo ist ein Wagen getroffen worden, vielleicht auch zwei. Das Eis hat dem prasselnden MG-Beschuß nicht standgehalten und ist gebrochen. Es besteht keine Möglichkeit, den Getroffenen zu helfen. Mann kann nur sich selbst retten und hoffen, daß der Rest der Eisdecke hält ...

Nach etwa zehn Minuten drehen die Flugzeuge ab, und der Zug setzt sich wieder in Bewegung. Weiter, vorwärts, vielleicht haben wir Glück!

Die schreckliche Nacht will kein Ende nehmen. Die Flüchtlinge brauchen gut zehn Stunden, um das gefrorene Haff zu überqueren. Im Morgengrauen erreichen sie endlich Pillau. Die riesige Eisfläche hinter ihnen wirkt trüb und ausdruckslos: Während ihre Blicke darüber hinweggleiten, denken alle an die, für die sie zum Grab geworden ist. Wie viele haben es nicht geschafft? Wie viele sind am Straßenrand zurückgelassen worden? Aber es bleibt keine Zeit, die Toten zu beweinen. Es gilt, sich um die Lebenden zu kümmern.

Jenseits der Nehrung wütet das Meer, hoch spritzt dort das Wasser auf.

In Pillau werden sie von Marinehelferinnen empfangen, robusten, männlich wirkenden Frauen in Uniform und Militärmantel. Jede von ihnen trägt die Feldmütze mit Adler und Hakenkreuz.

Die Stadt platzt aus allen Nähten, so viele Menschen hoffen und warten hier auf ein Schiff, das sie in den Westen bringt. Wohin man schaut, herrscht ein einziges Gewimmel von Flüchtlingen.

»Nur Mut, Mama!« murmelt Kurt seiner Mutter ins Ohr, die demoralisiert und verängstigt wirkt.

»Alle diese Leute wollen auf ein Schiff ... Wie soll das gehen, mein Junge?«

»Wir kommen schon durch, Mama, das verspreche ich dir.«

Als erstes wird ihnen befohlen, Wagen und Pferde abzugeben; an Gepäck dürfen sie nur das Allerwichtigste behalten. Ludwika und Kurt trennen sich schweren Herzens von Theodor: Ihm haben sie es zu verdanken, seiner unermüdlichen Ausdauer und Ergebenheit, daß sie lebend nach Pillau gekommen sind. Kurt verabschiedet sich mit Tränen in den Augen wie von einem treuen alten Freund. Was wird aus ihm werden? Armer Theodor. Bestenfalls wird er dem Heer zugeteilt werden, schlimmstenfalls im Schlachthof enden.

Die nach und nach eintreffenden Flüchtlinge werden in den Kasernen der Kriegsmarine untergebracht; ein Teil von ihnen muß sich damit begnügen, in großen, unbeheizten Hallen unterzukommen.

Die Linkes werden in eine überfüllte, laute Halle geschickt, die mit engen, ungemütlichen Feldpritschen ausgestattet ist. Sie erhalten Essenskarten und erfahren, daß auf einer Wöchnerinnenstation Wegwerfwindeln und Milch für die Kleinsten ausgegeben werden.

Die erste Nacht ist entsetzlich; keiner von ihnen findet Schlaf. Es herrscht ein unbeschreibliches Durcheinander, Kinder und Neugeborene schreien, die wenigen Toiletten sind primitiv, und wer sie benutzen will, muß ewig Schlange stehen.

Am zweiten Tag stellt sich heraus, daß nahezu alles mit scheinbar unlösbaren Problemen verbunden ist. Nachdem sie stundenlang um Windeln angestanden haben, bekommen sie gerade mal drei Stück für vierundzwanzig Stunden – viel zu wenig, um Nikolas auch nur annähernd trockenzuhalten. Der schüchterne Versuch, noch mehr zugeteilt zu bekommen, stößt auf kategorische bürokratische Ablehnung.

»So ist es, Herrschaften. Mun muß mit dem zufrieden sein, was man kriegt!« schnauzt eine der Helferinnen mit grimmiger Miene. Sie trägt einen knielangen Rock und eine knapp sitzende Jacke, die ihre nicht gerade weiblichen Formen noch betont. »Alles klar?« fügt sie mürrisch hinzu. »Mit Jammern kommt ihr hier nicht weiter!«

Auch die Milch für Nikolas ist nicht in Ordnung. Sie merken schnell, daß es sich keinesfalls um

Frischmilch, sondern um ein seltsames Gebräu aus Pulvermilch handelt, von dem der Kleine sofort Koliken bekommt. Er brüllt die ganze Nacht, und da er nicht das einzige Kind mit diesem Problem ist, werden bald Proteste laut, wobei es vor allem Flüchtlinge ohne Kinder sind, die sich über das nächtliche Schreikonzert beklagen.

Kurt macht sich große Sorgen um seinen kleinen Bruder. Seit sie in ihrer provisorischen Unterkunft angekommen sind, streift er immer wieder durch die große Halle, um die junge Mutter zu finden, die ihm Milch für Nikolas gegeben hat, aber er hat kein Glück. Auch die Suche in der benachbarten Halle bleibt ergebnislos. Wahrscheinlich genießen Kiepnitz und die junge Frau einen Sonderstatus und sind in den Kasernen der Kriegmarine untergekommen. Aber dort kommt man ohne Sondererlaubnis nicht rein. Und wie soll Kurt sich eine solche Erlaubnis beschaffen? Das braucht er erst gar nicht zu versuchen.

Die Tage vergehen mit Schlangestehen. Nikolas hat nach wie vor Bauchweh, ist aber dringend auf die Pulvermilch angewiesen, da Ludwikas Brüste immer weniger Milch hergeben.

Die aufreibendste Schlange ist die um die Reisepapiere, auch weil niemand weiß, wann und mit welchem Schiff er auslaufen wird. Es sind zu viele Flüchtlinge, die in den Westen wollen, und die Schiffe können immer nur eine gewisse Anzahl von ihnen an Bord nehmen.

Es heißt, man müsse hart und unerbittlich kämpfen, um überhaupt auf ein Schiff zu gelangen. Die

Kaianlagen sind ununterbrochen von Flüchtlingen überfüllt, und sobald sich ein Schiff zum Auslaufen anschickt, wird es regelrecht gekapert – von Leuten mit und ohne gültige Reisepapiere. Und wenn die kleinen Boote anlegen, mit denen die Menschen zu den außerhalb des Hafens vor Anker liegenden Schiffen transportiert werden, kommt es zu Kämpfen um Leben und Tod: Die Schwächeren ersticken im Gedränge, und wer das Unglück hat zu stürzen, kommt mit Sicherheit nicht wieder hoch und wird gnadenlos niedergetrampelt. Kurt hat gehört, daß die Menschen in den ersten Reihen von der nachfolgenden Menge zu Dutzenden ins Meer geschoben werden und im Eiswasser ertrinken, ohne daß irgend jemand daran denkt, sie zu retten.

Das Warten ist nervenaufreibend, die Stunden vergehen schleppend. Es gibt nichts anderes zu tun, als für dies und das anzustehen. Und wer in der Halle bleibt, verharrt in lähmender Untätigkeit.

In der Stadt brodelt es, Zehntausende von Flüchtlingen drängen sich in den Straßen. Es herrscht ein unbeschreibliches Chaos, in dem keiner sich auch nur bemüht, für Ordnung zu sorgen. Deserteure bieten bis zu fünftausend Reichsmark für Zivilkleidung. Auf dem Schwarzmarkt kostet eine Scheibe Brot fünfzig Reichsmark. Zigaretten und Tabak werden zu horrenden Preisen verkauft.

Die Stimmung unter den Flüchtlingen ist angespannt; Aggressivität gegen die Leidensgenossen macht sich bemerkbar. War nicht jeder andere ein Konkurrent um den Platz auf dem rettenden Schiff? Selbst die Verbundenheit unter den Flüchtlingen seines Trecks ist nicht mehr vorhanden, und das macht Kurt traurig und verwirrt: Wie ist es möglich, nach allem, was sie zusammen durchgestanden haben – Kälte, Hunger, Trauer über die Toten, die Angst, niemals anzukommen, und endlich die Hoffnung auf Rettung –, wie ist es möglich, daß jegliches Gemeinschaftsgefühl vergangen ist?

Kurt hat das Gefühl, inmitten all dieser Leute allein zu sein. Zudem ist eine Mutter wie so oft schweigsam und entrückt, und Nikolas ist noch zu klein, um Kurts Bruderliebe entsprechend zu erwidern.

Eine stillende Mutter braucht eine heimelige Umgebung, pflegte sein Großvater zu sagen; die Umgebung hier war alles andere als heimelig und die Zukunft völlig ungewiß, eher bedrohlich als verheißungsvoll.

Guter, armer Opa Linke: Er hatte die Niedergeschlagenheit seiner Schwiegertochter während der Flucht immer wieder entschuldigt. Er hatte ja erlebt, wie tapfer Ludwika nach dem Tod des Ehemanns gewesen war, wie sie die Ärmel hochgekrempelt und auf dem Bauernhof geschuftet hatte, wie sie Nikolas zur Welt gebracht und sich um Kurt gekümmert hatte …

Jetzt sollte sie sich aber wirklich ein bißchen zusammennehmen, findet Kurt. Manchmal versucht er sie aus ihrer Schwermut und Apathie herauszureißen. »Überleg doch mal«, sagt er dann, »immerhin schlafen wir jetzt nicht mehr unter einer Plane im Freien, sondern auf Feldbetten, wenn sie auch ungemütlich sind, und wir bekommen zweimal am Tag ein warmes Essen – es ist zwar wenig und schmeckt ziemlich scheußlich, aber es ist besser als nichts. Die kommenden Monate werden kein Zuckerschlecken sein, aber wenigstens besteht jetzt die Hoffnung, in den Westen zu gelangen und damit der Roten Armee zu entkommen, das ist doch schon viel.« Aber es hat alles keinen Sinn, die Mutter verharrt in ihrer Apathie.

Eines Morgens tönt endlich ihr Name aus dem Lautsprecher. Es ist soweit, sie müssen sich am Pier zur Abfahrt bereithalten!

Kurt und Ludwika packen ihre dürftigen Habseligkeiten in einen Koffer, ziehen Nikolas die wärmsten Kleider an, die sie besitzen. Dann essen sie zum letzten Mal den faden Haferschleim, bevor sie sich auf den Weg zum Kai machen.

Die Wolken hängen tief, die Temperaturen bewegen sich um die siebzehn, achtzehn Grad unter Null. Es schneit leicht. Der Geruch des Meeres ist stechend.

Die Mutter setzt fast widerwillig einen Fuß vor den anderen, die Angst steht ihr ins Gesicht geschrieben. Sie hat Nikolas im Arm, während Kurt den Koffer schleppt.

»Komm schon, Mama, ich will endlich das Schiff sehen!«

»Und wenn wir es nicht schaffen raufzukommen?« Die Frau bleibt stehen, ihre Stirn ist schweißbedeckt.

»Wir schaffen es schon«, erwidert Kurt mit seinem neuen, erwachsenen Gebaren. »Wir haben alle nötigen Papiere. Du wirst sehen, daß wir es schaffen, Mama.«

»Ich habe gehört, daß es schrecklich zugeht …«

»Mama!« Kurt sieht sie vorwurfsvoll an. »So geht es nicht, Mama. Kann sein, daß es dort Gedränge gibt, ganz sicher sogar, aber wir werden losfahren, das garantiere ich dir. Und jetzt hör auf, es noch schlimmer zu machen.«

Ludwika zieht hörbar die Luft ein, schaut besorgt zum Himmel. Sie ist bleich, und Kurt fällt zum ersten Mal auf, wie sehr sie gealtert ist. Ihre Haare sind grau geworden, und auf der Stirn hat sie zwei neue tiefe Falten. Plötzlich überkommt ihn eine heftige Anwandlung von Liebe zu ihr, und er macht sich bittere Vorwürfe für all die Male, die er böse oder ungehorsam war.

»Ich hab' dich lieb, Mama«, sagt er mit leicht bebender Stimme. All der Groll, den er ihres ewigen Lamentierens und ihrer nervösen Ausbrüche wegen gegen sie empfunden hat, fällt mit einemmal von ihm ab. »Und verzeih mir …«, fügt er noch hinzu.

»Aber wofür denn, mein Junge?« erwidert Ludwika gerührt.

Leider können sie diesen Moment der Nähe nicht lange auskosten; sie müssen schnell zum Kai.

»Mut, Mama, wir sind gleich da!«

Wenige Schritte weiter stecken sie jedoch in einem riesigen Stau aus Menschenkörpern und Koffern fest.

»Bleib immer dicht hinter mir, Mama! Ich bahne uns einen Weg!«

Sie nickt und denkt: Ich hab' wirklich einen ganz besonderen Jungen. Sein Vater und sein Großvater wären stolz auf ihn.

Kurt holt tief Luft und drückt sich mit gesenktem Kopf durchs Gedränge.

Nikolas beginnt unleidlich zu werden, er strampelt, jammert und schlägt sich mit den kleinen Fäustchen ins Gesicht. Die Mutter hat Mühe, ihn auf dem Arm zu halten.

»Bleib hinter mir, Mama!«

Das Gedränge wird noch dichter, bald steht man Brust an Rücken zusammengepfercht: Frauen und Kinder, Jugendliche und Greise. Etliche halten ihren Koffer hoch über dem Kopf, andere tragen ihre Kinder auf den Schultern, damit sie nicht erdrückt werden.

Die Militärpolizei brüllt und teilt nach allen Seiten Stockschläge aus, aber die Masse reagiert nicht.

»Bleib hinter mir, Mama!« brüllt Kurt.

Die Menge schiebt, rempelt, drückt. Kurt beißt die Zähne zusammen und versucht sich mit den Ellbogen durchzukämpfen. Es wird immer schwieriger vorwärtszukommen, die Masse aus Menschenkörpern preßt, rempelt, teilt Fußtritte und Rippenstöße aus. Auch Kurt preßt, rempelt und teilt Fußtritte und Rippenstöße aus. Irgendwann spürt er seine Arme nicht mehr, kalter Schweiß rinnt ihm übers Gesicht, sein Mund ist wie ausgedörrt. Aber er kämpft sich weiter durch die Menge, wie ein Eisbrecher durchs Packeis.

»Mama, bist du noch da?«

Die Frau schleppt sich nur noch dahin, ihr bleiches Gesicht ist mit roten Flecken übersät, sie atmet schwer und hat alle Mühe, den wild strampelnden Nikolas festzuhalten.

»Hier ... Ich bin hier ...«, stößt sie hervor.

Und dann: das Schiff! Es ist ein Kriegsschiff, ein wahres Ungetüm, grau angestrichen und mit Flugabwehrgeschützen bestückt.

»Mama! Das Schiff!« schreit Kurt und deutet mit dem Kinn auf den riesigen Koloß.

Die Mutter nickt nur. Vom Meer weht eine kräftige Brise, aber der feine Nieselschnee fällt ungemindert weiter.

Das Gedränge wird noch schlimmer. Man kann kaum noch atmen, es ist, als schaffe es nicht einmal die Luft, sich einen Weg durch das dichte Menschengewimmel zu bahnen. Panische Mütter, die ihre Kinder aus den Augen verloren haben, schreien fieberhaft deren Namen, etliche fallen inmitten der tobenden Menge in Ohnmacht.

»Mama, bist du da?« wiederholt Kurt mechanisch.

Ludwika ist völlig am Ende, Nikolas brüllt, Militärpolizisten schleppen zwei Männer und eine Frau weg, die sich erbittert wehren, schreien und fluchen: »Verdammte Kerle! Wir müssen auf das Schiff!«

Plötzlich wird Kurt vom Moloch geschluckt. Den Koffer an die Brust gepreßt, fällt er auf die Knie. Er weiß, daß er sofort wieder aufstehen muß, weil er sonst zerquetscht wird. Aber die Menschenmauer vor und hinter ihm zerreibt ihn fast, raubt ihm den Atem. Einen Moment lang verschwimmt ihm alles vor den Augen. Eiskalte Schweißtropfen rinnen ihm in den Mund, in seinen Schläfen hämmert es.

»Steh auf!« Er glaubt plötzlich, die Stimme des Großvaters gehört zu haben. Und unter geradezu übermenschlicher Anstrengung gelingt es ihm, sich aufzurappeln.

»Mama! Bist du da?«

Ja, da ist sie. Er erkennt sie wenige Meter von sich entfernt. In diesem Augenblick zieht ihn ein alter Mann am Ärmel.

»Die Ostsee ist voll mit sowjetischen Minen, wir werden alle in die Luft fliegen!« jammert der Mann wie ein Schwachsinniger vor sich hin. Er ist barhäuptig, und sein schneeweißes Haar läßt ihn aussehen wie ein reifbedeckter Busch.

»Nein! Das ist nicht wahr!« schreit Kurt zurück. Dann merkt er, daß die Mutter sich nicht mehr auf den Beinen halten kann. Sie taumelt. Nikolas fällt im Gedränge fast aus ihren Armen.

»Gib mir das Kind, du nimmst den Koffer!« schreit er, nachdem es ihm mit einem weiteren Kraftakt gelungen ist, sich zu ihr durchzukämpfen. »Schau! Siehst du die Landungsbrücke da vorn? Wir haben es fast geschafft!«

Doch auch auf der Landungsbrücke drängen sich die Menschen. Das Gerempel ist unbeschreiblich, ein paar Menschen fallen ins Wasser. Keiner denkt daran, sie zu retten. Dann kommen zwei Polizisten und teilen blind Knüppelschläge aus, Beschimpfungen werden laut, eine Mutter mit einem kleinen Jungen an der Hand dreht sich um, schreit: »Widerliche Naziknechte!« und wird unter Schlägen und Drohungen abgeführt.

Endlich schafft es Kurt auf die Landungsbrücke, seine Mutter kann mithalten. Zwei Marineoffiziere fragen nach ihren Papieren. Kurt deutet auf seine Mutter, die sie aus der Tasche ihres Pelzmantels zieht.

»Alles in Ordnung, rauf mit euch!«

Nikolas brüllt wie am Spieß. Er windet sich, weil ihm die Mütze übers Gesicht gerutscht ist und seine Augen verdeckt. Kurt rückt sie zurecht.

»Beruhige dich, Kleiner, wir haben es fast geschafft.«

Endlich sind sie an Deck. Dort kann man sich nicht rühren, so voll ist es. Inmitten von Koffern, Bündeln, Rucksäcken und Proviant drängen sich Hunderte von Flüchtlingen. Erschöpfte alte Leute, Mütter, die verzweifelt versuchen, ihre Familien zusammenzuhalten, junge Frauen mit Säuglingen in den Armen ... Und die Marinehelfer schreien: »Bitte geordnet nach unten gehen!«

Von der Menge vorangetrieben, gelangt Kurt mit Nikolas schließlich in einen engen Korridor, in dem man kaum Luft bekommt.

»Weiter! Weiter! Noch eine Treppe runter, in aller Ruhe bitte!«

Im nächsten Gang stinkt es nach Dieselöl. Kurt glaubt, ersticken zu müssen; aber wenigstens ist es hier warm, denkt er und drückt das Brüderchen an sich. »Brav, Nikolas, du bist ein braver Junge.«

Der Kleine hat sich beruhigt, auch er wirkt müde, wie betäubt von dem ganzen Chaos, dem Stimmengewirr, dem Gebrüll, dem Kindergeschrei.

»Jetzt warten wir auf Mama«, flüstert Kurt ihm zu.

Noch ein Befehl: Weitere Anweisungen abwarten, Ruhe bewahren. Alle werden einen Platz zugewiesen bekommen.

Kurt schaut sich um, aber er sieht seine Mutter nicht. Wo ist sie bloß geblieben? Aber auf dem Schiff ist sie bestimmt. Oben, an Deck, waren sie ja noch zusammen. Verlorengehen kann sie nicht, sagt er sich, einen Anflug von Panik verdrängend. Früher oder später werden sie sich wiederfinden ... Außerdem gibt es auf dem Schiff ja Lautsprecher.

Er wird immer noch gestoßen und angerempelt, aber inzwischen ist es ihm egal. Ein kaltes, bläuliches Licht sticht ihm in die Augen, ihm schwindelt. Er hat Ohrensausen, sein Kopf schmerzt und beim Einatmen verspürt er Stiche in der Brust. Er versucht sich selbst Mut zu machen. Das wird schon vorbeigehen, sagt er sich. Wenigstens sind sie jetzt in Sicherheit, das ist die Hauptsache, alles andere spielt keine Rolle. Jeder wird einen Platz und Lebensmittelmarken zugeteilt bekommen. Man hat ihnen gesagt, daß auf dem Schiff sogar eine Säuglingsstation eingerichtet worden ist, in der es alles Nötige für die Kleinsten gibt. Kurt zwingt sich, optimistisch zu sein. Gut, eine Vergnügungsfahrt wird das nicht, aber letzten Endes werden sie den Westen erreichen. Und dort wird dann das Ende dieses verdammten Krieges abgewartet.

»Ist das dein Geschwisterchen?« fragt eine männliche Stimme neben ihm. Kurt dreht sich um; ein junger Matrose steht neben ihm. Auf seiner Kappe steht »Kriegsmarine«.

Kurt nickt. »Ja, mein Bruder.«

Der Matrose hat ein liebes, freundliches Gesicht.

»Ich hab' auch so einen kleinen Bruder, ein paar Monate alt«, sagt er mit stolzem Lächeln. Gleichzeitig dreht er Nikolas' kleines Gesicht zu sich um.

»Laß dich angucken, Kleiner ...«

Sein Gesichtsausdruck ändert sich schlagartig.

»Was ist los?« fragt Kurt verwirrt.

Der andere schweigt ein paar Sekunden und sieht ihn traurig an. »Möchtest du ihn mir geben?« fragt er schließlich bekümmert. »Wen? Meinen Bruder? Aber warum?« erwidert Kurt beinahe empört.

Der junge Mann ist aufrichtig betroffen. »Weil dieses Kind tot ist, mein Freund.«

Er sprang auf und ging an die Fenstertür, riß sie auf und rannte wie in Panik auf den Balkon hinaus. Ich zählte bis zehn, dann ging ich ihm nach. Schwer atmend und ins Leere starrend, stand er da; seine Hände umklammerten krampfhaft das Holzgeländer. Auch ich war aufgewühlt und hätte ihm gern gesagt, wie sehr mich seine lange Erzählung berührt hatte, wie gut ich nachfühlen konnte, was er empfand. Aber ich fand keine Worte. Um ihm trotzdem irgendwie mein Mitgefühl auszudrücken, legte ich ihm eine Hand auf die Schulter. Er drehte sich brüsk um, sein Gesicht war meinem ganz nah.

»Hast du auch nur eine blasse Vorstellung davon, wie das für mich war, als der Matrose sagte: ›Dieses Kind ist tot‹?« stöhnte er.

Ich nickte mit schwerem Herzen.

Der Regen hatte aufgehört, und auf den Geranienblüten glitzerten kleine kristallene Tropfen. Die Luft war unglaublich klar, wie reingefegt von Staub und Dunst.

»Das muß ... fürchterlich gewesen sein«, brachte ich schließlich mit tonloser Stimme heraus, aber er machte eine Handbewegung, eine Art Protestbewegung, denn das Wort »fürchterlich« war absolut unzulänglich, um sein damaliges Entsetzen zu beschreiben. Dann wandte er sich erneut dem See zu, und ich sah, daß er von einem Zittern geschüttelt wurde, das er zu unterdrücken versuchte, indem er die Arme um den Oberkörper schlang.

»Kurt ...«, murmelte ich und empfand auf einmal echte Zuneigung für ihn. Ich wußte nicht, wie ich mich verhalten sollte. Am liebsten hätte ich ihn umarmt oder sonst irgend etwas getan, damit er aufhörte zu zittern – aufhörte zu leiden. Dann war es, als würden bei ihm alle Dämme brechen. Kurt begann hemmungslos zu weinen. Es war ein Weinen, in das sich Schluchzer, Husten, Wimmern und lautes Wehklagen mischten. Ich war bewegt. Mir war klar, daß er litt, aber im Moment wußte ich nicht, wie ich ihm hätte helfen können. Wahrscheinlich tat ich instinktiv das Richtige, indem ich einfach zuließ, daß er sich einmal richtig ausweinte. Nach einer Weile, die mir wie eine Ewigkeit vorkam, so herzzerreißend war sein Anblick, beruhigte sich Kurt. Als seine Augen erneut die meinen suchten, sprach mit einemmal nur noch Leere aus seinem Blick – totale, erschreckende Leere. Als wäre seine Seele in unerreichbare Ferne gerückt. Ich empfand das so deutlich, daß ich spontan versuchte, ihn zurückzuholen. »Beib hier!« stammelte ich erschrocken, wobei ich seine mageren Hüften umklammerte. »Ich bin deine Freundin! Bleib hier!«

Und das wiederholte ich in meiner Angst so oft, bis das Leben in seine Augen zurückkehrte und ich das Gefühl hatte, daß er wieder anwesend war.

Plötzlich drückte er sein Gesicht an meinen Hals und murmelte erschöpft: »Ich weiß, daß du meine Freundin bist ... Ich weiß, Helga, ich weiß ...«

Als ich seine tränenfeuchte Wange an meiner Kehle spürte, überkam mich plötzlich eine seltsame Verlegenheit. Ich wußte nicht, wie ich reagieren sollte. Vorsichtig schob ich ihn ein Stück von mir weg und sagte: »Komm, laß uns runtergehen und ein Glas Buttermilch trinken!«

Er sah mich verwundert, beinah erschrocken an, als hätte ich ihn in kaltes Wasser geworfen. Ich ließ ihm keine Zeit, etwas zu sagen, faßte ihn an der Hand und zog ihn hinter mir her. Das ruppige, wilde kleine Mädchen, das ich damals war, hatte wieder einmal genau das Richtige getan.

Die Küche war leer, als wir sie betraten. Nur eine dicke Hummel summte um die Blumen, die Großmutter in einem großen Tonkrug auf den Tisch gestellt hatte. Ansonsten herrschte ringsum eine friedliche, schläfrige Stille.

»Und jetzt die Buttermilch!« sagte ich energisch, doch als ich gerade zur Speisekammer gehen wollte, hielt Kurt mich am Arm fest, drehte mich schnell zu sich um und gab mir einen Kuß auf die Lippen. Es war ein rascher Kuß, fast eine Art Zusammenstoß, unschuldig und harmlos, aber er verschlug mir den Atem.

Leider kamen genau in diesem Augenblick die Großmutter und meine Stiefmutter die Treppe herunter. Kurt und ich fuhren auseinander, als hätten wir einen Stromschlag bekommen.

»Schämst du dich nicht?« schrie die Frau meines Vaters, froh um jede Gelegenheit, mich zu maßregeln. Nur – war sie diesmal nicht im Recht, hatte sie mich doch in flagranti bei etwas ertappt, das für sie mit Sicherheit eine Sünde war?

Sie rannte die letzten Stufen der Treppe herunter, packte mich am Ohr und wiederholte voller Entrüstung: »Schämst du dich nicht?«

Ich war tatsächlich zutiefst beschämt, hauptsächlich aber wegen der Demütigung, die ich über mich ergehen lassen mußte und weil ich das Gefühl hatte, diesem Weib, das mich haßte und immer einen Weg fand, mich in meinem Innersten zu treffen, wieder einmal schwach und wehrlos ausgeliefert zu sein. Während ich den Himmel anflehte, er möge mich im Erdboden versinken lassen, versuchte die Großmutter mit versöhnlicher Stimme einzulenken:

»Komm, Ursula, es sind doch nur Kinder!«

Meine Stiefmutter ging wie eine Viper auf sie los: »Himmel noch mal, wann begreifen Sie es endlich? Dieses Mädchen ist genau wie ...«

Ich sah sie mit herausforderndem Blick an. Spuck's aus! Hab endlich den Mut, vor meiner Großmutter den widerlichen Satz auszusprechen, den du mir in Berlin bei jeder Gelegenheit an den Kopf geworfen hast: »Du bist genau wie deine Mutter!«, wohl wissend, daß es für mich nichts Schlimmeres gab, als mit meiner Mutter verglichen zu werden ... Mit dieser Mutter, von der mir die Erwachsenen die fürchterlichsten Schauergeschichten erzählten, Dinge, denen ich nichts entgegenhalten konnte, um sie in meinen Herzen irgendwie zu rechtfertigen – diese Mutter, die mich und meinen kleinen Bruder mitten im Krieg, als Papa an der Front war, verlassen hatte, um in die SS einzutreten ...

Aber Ursula nahm meine Herausforderung nicht an. Sie wagte es nicht, diese Worte vor ihrer Schwiegermutter auszusprechen.

»Wer möchte ein Glas frische Buttermilch?« rief Großmutter, um die Lage zu entspannen.

»Ich!« schrie ich, froh über die Ablenkung. »Und Kurt auch! Kurt auch!« fügte ich gleich noch hinzu.

Während Oma in die Speisekammer ging, kam Ursula näher und zischte mir ins Ohr: »Du bist genau wie deine Mutter!«

Also doch! Ich spürte einmal mehr, daß unsere gegenseitige Abneigung wirklich unüberwindlich war. Und zugleich packte mich die Versuchung, mich an ihr zu rächen, meinen Großeltern zu erzählen, was diese Frau in Berlin alles angestellt hatte, um mich loszuwerden.

Zu gern hätte ich ihnen von der Besserungsanstalt für schwererziehbare Kinder berichtet, in die sie mich gesteckt hatte unter dem Vorwand, ich wäre böse, frech und ungehorsam. Ein entsetzlicher, absolut unmenschlicher Ort, in dem ich mit äußerster Härte behandelt wurde und beinahe zerbrochen wäre.

Die Großeltern wußten nichts davon. Papa hatte mich eindringlich gebeten, nie darüber zu sprechen, und ich hatte ihm versprochen, den Mund zu halten. Jetzt aber lag es mir auf der Zunge, die Sache ans Licht zu bringen und meine Stiefmutter zu strafen für all die Demütigungen und Quälereien, die ich ihretwegen hatte über mich ergehen lassen müssen.

Berlin, 1942. Besserungsanstalt

Ein beigegekachelter Raum, ein Arzt im weißen Kittel mit SS-Abzeichen, eine Krankenschwester in hellblauer Uniform, unter deren Haube freche blonde Löckchen hervorlugten.

»Zieh dich aus«, befahl mir die Krankenschwester. Der harte Klang ihrer Stimme stand in krassem Gegensatz zu ihrer Erscheinung. Mein leerer Magen krampfte sich zusammen, aber ich gehorchte.

»Auch den Schlüpfer!«

Ich erschauerte. Nein, den Schlüpfer nicht! Ich schüttelte heftig den Kopf.

»Deine Mutter hat recht«, meinte sie boshaft. »Du bist dickköpfig und undiszipliniert.«

»Das ist nicht meine Mutter!« protestierte ich.

»Mutter oder nicht – zieh jetzt den Schlüpfer aus, ungehöriges Fräulein, wir müssen dich untersuchen!«

»Nein!« stöhnte ich angstvoll. Und wieso »Fräulein« … Ich war gerade mal fünf Jahre alt!

»Na los, wird's bald – zur Not mit Gewalt!«

Die kornblumenblauen Augen der Krankenschwester funkelten streng und unnachgiebig.

Ich preßte die Lippen zusammen und schüttelte neuerlich den Kopf. Nein, den Schlüpfer nicht. Schweigend und bockig wie ein Esel blieb ich stehen und starrte auf den gewienerten Linoleumboden.

Eine Sekunde später packten mich der Arzt und die Krankenschwester und hielten mich fest, damit ich nicht treten konnte. Dann zog mir die Krankenschwester die Unterhose aus und warf sie auf einen Stuhl. Ein Gefühl der Hilflosigkeit überkam mich. Dann befahl mir die Schwester, auf ein seltsames, weißverkleidetes Metallgestell zu klettern, das mit zwei Stangen ausgestattet war. Am Ende der Stangen befanden sich Halterungen, auf die ich meine Fußgelenke legen sollte. Da meine Beine aber nicht bis dorthin reichten, hielt die Krankenschwester sie hoch und drückte sie auseinander, während der Doktor mir zwischen die Schenkel schaute, also ausgerechnet dorthin, wo sich die intimste Stelle meines Körpers befand, wie man mir beigebracht hatte.

Das Ganze dauerte nur ein paar Sekunden, aber das Gefühl der Demütigung und Scham, das mich überkam, war unbeschreiblich – und unauslöschlich.

Danach tastete der Arzt mir den Bauch ab und maß den Umfang meiner Brust und meiner mageren Hüften. Ich durfte wieder von dem Gestell runterklettern und wurde auf einer riesigen Waage gewogen. Der Doktor untersuchte auch die Farbe meiner Haare und meiner Augen. Währenddessen kreuzte die Krankenschwester auf einem vorgedruckten Formular bestimmte Kästchen an und hielt die trockenen Fachkommentare des Arztes schriftlich fest. Besonders intensiv beschäftigte er sich mit meiner Nase, die genau vermessen wurde, wobei er eingehend den Verlauf des Nasenrückens und den Übergang zur Stirn studierte.

Ich hatte unterdessen einen Fixpunkt für meinen ängstlich umherirrenden Blick gefunden, nämlich ein Bild an der Wand, das mir flüchtigen Trost spendete. Es zeigte einen Bauer, der mit der Sense Weizen mähte. Ein fades Bild ohne Seele, das jedoch – was ich damals natürlich nicht wußte – perfekt dem Nazimythos vom Bauern als gesundem, die Urwerte von Blut und Boden bewahrendem und weitergebendem »Volkselement« darstellte. Mich erinnerte dieses Bild schmerzlich an meine Großmutter Maria, die sich, nachdem wir von unserer Mutter verlassen worden waren, ein Jahr lang um mich und meinen Bruder gekümmert hatte; es war das glücklichste Jahr meiner Kindheit gewesen. Nach Papas Neuvermählung war Oma dann wieder auf ihren

Hof in Polen zurückgekehrt und hatte mich in die Hände meiner Stiefmutter übergeben, von der ich alles andere als liebevoll behandelt wurde.

»Helga! Woran denkst du?«

Die Großmutter war mit dem Buttermilchkrug zurückgekehrt und füllte gerade unsere Gläser. Dabei sah sie mich etwas besorgt, aber mit dem für sie so typischen milden Lächeln an. Als sie das Glas vor mich stellte und ich in ihr gütiges, verständnisvolles Gesicht blickte, ihr warmherziges Lächeln sah, das mir sagte, daß sie die anstößige Szene von vorher bereits vergeben und vergessen und Kurts Kuß als das abgehakt hatte, was er war, nämlich ein unschuldiger Zuneigungsbeweis zwischen zwei Kindern, änderte ich meine Meinung. Nein, es sollte keine Rache geben. Ich würde den Mund halten. Nicht etwa, um Ursula zu schützen, sondern der Großmutter wegen, denn die hätte sich über die Geschichte mit der Besserungsanstalt bestimmt sehr aufgeregt und ihrer Schwiegertochter bittere Vorwürfe gemacht. Dann hätte es wahrscheinlich Streit und Diskussionen gegeben und der heitere Himmel meines kleinen Paradieses hätte sich verdüstert. Im Zentrum dieses Paradieses stand sie, Oma Maria; den Großvater hatte ich auch sehr lieb, aber sie war nun mal der Dreh- und Angelpunkt meines perfekten kleinen Edens, und deshalb würde ich über die einzige Wolke, die dessen Glanz in meinen Augen trübte – also meine Stiefmutter –, weiterhin kein Wort verlieren.

»Oh, an nichts«, sagte ich und lächelte zurück. Dann leerte ich mein Glas Buttermilch in einem Zug und bat um noch etwas mehr.

Großmutter schenkte mir nach, und auch Kurt bekam ein zweites Glas. Die Stiefmutter war inzwischen wieder nach oben gegangen, und ich fühlte mich gleich viel besser. Nach einer Weile klatschte die Großmutter jedoch energisch in die Hände zum Zeichen, daß wir jetzt gehen sollten. Es war Zeit für den Sonntagskaffee, und das bedeutete »echten Kaffee« – ein bescheidener Luxus, auf den die Großeltern nicht verzichten wollten.

Der echte Kaffee kostete Großmutter viele Stunden Arbeit beim benachbarten Bauern. Alois Moosleitner kaufte das wertvolle Produkt in Vöcklamarkt und gab der Großmutter einen Teil davon ab als Lohn für eine bestimmte Anzahl Arbeitsstunden auf seinem Bauernhof. Aus Vöcklamarkt brachte uns der gute Mann auch die erbsengrüne Kernseife, mit der Großmutter die Wäsche fabelhaft sauberbekam, auch wenn danach ihr Rücken schmerzte. Hinterher wurden die Wäschestücke zum Trocknen auf die Buchsbaumhecke gelegt, die der Großvater eigens für diesen Zweck zurechtstutzte. Noch heute bin ich ganz gerührt, wenn ich an das strahlende Weiß der sonnengetrockneten Laken und an deren herrlichen Duft zurückdenke ...

»Gehen wir zum See runter?« fragte ich Kurt.

Er brachte halbherzig ein paar Einwände vor, die ich mit einem Schulterzucken abtat. »Komm schon, nach einem Gewitter ist der See so schön!«

sagte ich zu ihm und nahm ihn wieder einmal ins Schlepptau.

Am Bootssteg angekommen, zogen wir unsere Sandalen aus. Ich liebte es, die nassen Bretter unter den Fußsohlen zu spüren.

Der Himmel war mittlerweile fast makellos blau, und es lag ein ganz besonderes Licht über der Landschaft.

Ein Licht wie reingewaschen, wie von allen Rückständen befreit.

Am Ende des Stegs blieben wir stehen und betrachteten das Wasser. Es war zart gekräuselt und sah aus wie eine riesige Klöppelspitze.

»Wie schön der See ist«, rief ich hingerissen aus. »Findest du das auch?«

Ich sah Kurt an und merkte, daß in seinen Augen eine Art Schatten zurückgeblieben war – wohl von der Anstrengung, die es ihn gekostet hatte, mir von seiner Flucht und deren entsetzlichem Ausgang zu erzählen.

»Ja, der See ist sehr schön«, sagte er, und seine Stimme verriet eine tiefe Melancholie, die ihn einmal mehr älter und reifer erscheinen ließ, als er war, nämlich gerade mal dreizehn. In diesen wenigen, langsam ausgesprochenen Worten lag eine Art Prophezeiung. In den klaren, kobaltblauen Himmel hineingesprochen, bekam der Satz ein ganz besonderes Gewicht. »Ich werde ihn nie vergessen«, fügte er hinzu und klammerte sich plötzlich mit den Händen an einen Pfosten des Stegs.

»Fühlst du dich nicht wohl?« fragte ich ihn besorgt.

»Doch, doch«, erwiderte er rasch. »Ich dachte nur ... Ich dachte nur gerade, daß ich hier dich und deine Großeltern gefunden habe und ... dieses Haus. In Deutschland dagegen ...«

»In Deutschland ...?«

»Dort habe ich niemanden, keinen einzigen Freund.«

»Warum nicht?«

»Ich weiß nicht ... Vielleicht stoße ich sie ab.«

»Du bist aber nicht abstoßend!« widersprach ich mit Nachdruck. Es ist nur ...«

»Was?«

»Wenn jemand hier drin krank ist ...«, sagte ich und deutete auf sein Herz. »Wenn jemand hier drin krank ist, dann kann es vorkommen, daß er sich von den andern isoliert. Und das wird leicht mißverstanden. Die Leute denken, man kann sie nicht leiden, und meiden einen deshalb. So was kommt manchmal vor, weil ... weil ...« Jetzt war ich durcheinandergekommen.

»Woher weißt du das alles?«

»Von meinen Großeltern ...«

»Deine Großeltern meinen, daß ich hier drin krank bin?« fragte er und deutete seinerseits auf sein Herz.

»Ja«, sagte ich.

Da ergriff Kurt eine meiner Hände und legte sie sich auf die Brust. In dieser Stellung verharrten wir eine Weile, ohne etwas zu sagen. Wir waren beide zu Tränen gerührt. Ich konnte unter meiner Hand sein Herz klopfen spüren, und dieses Gefühl sollte mir für immer in Erinnerung bleiben.

»Ja, es stimmt«, flüsterte er schließlich. »Ich bin ... sehr krank. Aber jetzt geht es mir, glaube ich, ein bißchen besser ...«

Ich konnte nicht anders, als seine Hand in meine zu nehmen und einen Kuß daraufzuhauchen.

»Klar geht es dir besser«, sagte ich erleichtert. »Was meinst du: Wollen wir schwimmen gehen?«

»Was?« fragte er, wieder einmal völlig verblüfft von meinen jähen Themenwechseln.

»Hast du Lust?«

»Aber ... aber wir haben doch gar kein Badezeug dabei ...«, stammelte er unentschlossen.

»Hast du keine Unterhose unter deiner Hose?« fragte ich ihn voller Tatendrang.

»Doch, aber ... was ist mit dir?«

Ich hatte ein leichtes, bunt bedrucktes Baumwollkleid an, eine Art Sonntagskleid, das beste, das ich besaß.

»Ich habe auch eine Unterhose an«, erwiderte ich frech. »Also, machst du mit?«

»In der Unterhose baden gehen?«

»Aber ja doch ...! Los, wer soll uns schon sehen?«

Kurt schluckte seine letzten Einwände runter, dann zogen wir uns rasch bis auf unsere keuschen weißen Kinderunterhosen aus.

Das frische Bad war herrlich, wir genossen es in aller Heiterkeit und fühlten uns sehr verbunden. Und diesmal war es Kurt, der – während wir ans Ufer zurückschwammen – unbedingt auf unser Ruderboot klettern wollte. Es war vorübergehend unbesetzt. Von Peter und Jörgl, den beiden unzertrennlichen Freunden, war keine Spur zu sehen. Also machten wir es uns im Bug bequem und ließen uns von der Sonne trocknen.

Nach langem Schweigen, das ich für ein Zeichen von glücklicher Entspannung und Zufriedenheit hielt, fragte Kurt mich plötzlich: »Hast du je eine Seebestattung miterlebt?« Seine Stimme klang seltsam metallen, und er hatte alle Mühe, seine Ergriffenheit unter Kontrolle zu halten.

Ich betrachtete sein Profil: die kurze, gerade Nase, die hohe Stirn mit der frechen blonden Locke, den Mund, um den immer ein bitterer Zug lag, ohne den ich ihn mir gar nicht vorstellen konnte.

»Nein«, antwortete ich schließlich.

»Wir haben Nikolas in der Ostsee bestattet«, sagte er mit seiner tonlosen Stimme. »Irgendwer hat ein Gebet gesprochen. Irgendwer hat ein paar künstliche Blumen ins Wasser geworfen ... Und dann mußten wir ihn dort zurücklassen, auf dem Grund des Meeres. So klein und so allein. Ein Baby, kaum drei Monate alt ... Es war entsetzlich. Mama konnte der kurzen Zeremonie gar nicht beiwohnen, sie stand unter Schock ... Als wir ihr sagten, daß Nikolas tot ist, da ... da ist sie zusammengebrochen. Sie bekam Atemnot und mußte auf die Krankenstation ...« Er schwieg einen Moment und sammelte Kraft zum Weitersprechen. »Dieser Anblick ... Mein kleiner Bruder, in ein Wachstuch eingewickelt, und zwei Männer, die ihn ins Wasser gleiten lassen ... Ich werde diesen Anblick nie vergessen. Nie. Das ist ganz unmöglich, verstehst du? Er hat sich in mein Gedächtnis eingebrannt. Auf ewig.«

»Ich weiß«, sagte ich zutiefst berührt. »Aber eines Tages hörst du auf, deswegen zu leiden.«

»Das will ich nicht!« erwiderte er schroff.

»Was willst du nicht? Aufhören zu leiden?«

»Ja, genau. Das käme mir vor wie ein Verrat an Nikolas' Andenken.«

»Im Gegenteil«, erwiderte ich prompt. »Nikolas würde bestimmt nicht wollen, daß du dich für den Rest deines Lebens mit dieser Erinnerung quälst.«

»Aber ich kann ihn nicht vergessen. Das darf ich nicht!«

»Du brauchst deinen Bruder nicht zu vergessen, und das wirst du auch nicht. Aber du mußt in Liebe an ihn zurückdenken, nicht in Leid.«

Ich weiß nicht, wie ich plötzlich dazu kam, all diese Dinge zu sagen, woher ich diese frühreife und zugleich naive Weisheit nahm. Aber es gibt Situationen und Momente, in denen wir über uns selbst hinauswachsen, in denen ungeahnte Geisteskräfte aus geheimen Quellen unser Tun bestimmen. Und das sind echte Gnadenmomente.

Wir schwiegen lange und betrachteten die von der Sonne gesprenkelte Wasseroberfläche des Sees.

»In Liebe an ihn zurückdenken ...«, hörte ich Kurt schließlich leise wiederholen; seine Stimme klang ganz neu, ruhiger und tiefer ... Ausgerechnet in diesem Augenblick hörten wir auf dem Bootssteg ein rasches Trappeln.

»He, ihr beiden! Was fällt euch ein?« Der entrüstete Aufschrei kam von meinem kleinen Bruder. Er war allein, ohne Jörgl, aber er hatte wie immer seine Angel dabei.

Mit lautem Kriegsgeheul rannte er den Holzsteg entlang. An der Leiter angekommen, brüllte er: »Was habt ihr auf meinem Boot verloren?«

Dann sprang er ins Wasser und schwamm mit einer Hand – in der anderen hielt er die Angel – auf uns zu. Da er ein guter Schwimmer war, brauchte er nicht lange, um das Boot zu erreichen. Er kletterte an Bord, sah uns böse an und kam, eine Faust in die Seite gestemmt, näher. »Was habt ihr auf meinem Boot verloren?« fragte er noch einmal.

»Hör mal, junger Mann!« gab ich zurück. »Das ist nicht dein Boot, sondern das der ganzen Familie, merk dir das!«

»Und wieso habt ihr keine Badesachen an?« meinte er und maß uns mit vernichtendem Blick.

»Wir wußten nicht, daß wir baden würden«, antwortete ich zögernd.

»Ihr seht ja witzig aus«, sagte Peter mit einem abfälligen Grinsen und war sichtlich stolz auf seine eigene lila Badehose.

Ich antwortete ihm mit einer Grimasse.

»So, und jetzt will ich angeln!« verkündete der kleine Despot ernsthaft.

»Wir gehen gleich«, sagte ich.

»Wann?«

»Mensch, hast du's eilig! In zwei Minuten.«

Er fing an, mit dem Fuß rhythmisch auf den Bretterboden des Boots zu klopfen, und ich war mir sicher, daß er im Kopf die Sekunden zählte. Plötzlich schien er von etwas abgelenkt zu werden.

»Du hast aber eine komische Unterhose«, meinte er zu Kurt.

»Wieso?« fragte der überrascht.

»Mit so einem breiten Gummi.«

»Die sehen in Deutschland alle so aus«, meinte Kurt perplex.

»Mutti kauft mir meine Unterhosen im Dorf, und die haben alle einen dünnen Gummi«, erklärte Peter etwas unzufrieden. »Auch meine Badehose hat einen dünnen Gummi. Siehst du?« Er zog den Gummi seiner Badehose ein wenig vom Bauch weg und ließ ihn zurückschnellen. Kurt nickte und schenkte Peter zur Abwechslung einmal seine volle Aufmerksamkeit.

»Meine grüne Badehose ist aus Lastex«, sagte er schließlich ungewöhnlich gesprächig.

Mein Bruder riß die Augen auf: »La... was?«

»Lastex.«

»Was ist denn das?«

»Ein neuer Stoff, er ist elastisch, verstehst du?« erläuterte Kurt geduldig.

»Kommt der aus Amerika ... wie der Kaugummi?«

»Ja.«

Peter wirkte zuerst verblüfft und grinste dann hintergründig. »Borgst du mir die mal aus, deine Badehose aus La...?«

»Lastex«, half Kurt ihm weiter.

»Ja. Sag, borgst du mir die mal aus? Ich möchte wissen, wie sich das anfühlt. Drückt die hier unten nicht?« Er deutete auf sein empfindliches Teil.

»Überhaupt nicht.«

»Also, borgst du sie mir mal?« hakte Peter nach.

»Aber klar.«

»Wann?«

»Wenn du willst, gehe ich nachher in mein Zimmer und hol sie dir runter.« Ich konnte kaum fassen, daß Kurt auf einmal so kameradschaftlich war.

»Oh, wie schön. Das muß ich gleich Jörgl sagen.«

»Meine andere Badehose ist aus Nylon.« Kurt schien entschlossen, das Thema auszuweiten. Die Nachmittagssonne spann jetzt feine Fäden, die sich auf der Wasseroberfläche des Sees spiegelten und in der blonden Wuschelmähne meines Bruders zu verfangen schienen. »Ny-loooon?« wiederholte er langsam und gedehnt.

»Ja, Nylon«, erwiderte Kurt im Ton eines großen Bruders. »Auch das Nylon kommt aus Amerika«, fügte er bereitwillig hinzu. »Es ist eine Textilfaser, die der Chemiker Wallace Hume Carothers erfunden hat. Man macht auch Strümpfe daraus, Nylonstrümpfe. Meine Mutter hat drei Paar davon.«

Peter dachte einen Augenblick nach, dann trat er neben mich und begann mich unsanft zur Seite zu drücken.

»He, was soll das?« protestierte ich.

»Ich muß mich neben Kurt setzen«, erklärte er in bestimmtem Ton.

»Sag wenigstens ›bitte‹!«

»Bitte«, sagte er sehr ernst.

Völlig verblüfft überließ ich ihm meinen Platz.

»Heute bist du nett«, meinte er zu Kurt und stieß ihn mit dem Ellbogen an.

»Findest du?« fragte der, sichtlich erfreut.

»Ja.«

Pause.

»Vielleicht könnte man auf diesem Boot auch zu dritt angeln«, sagte mein Bruder nach einer Weile nachdenklich und beinahe gönnerhaft. »Soll ich dir beibringen, wie man angelt?«

»Ja«, erwiderte Kurt.

Ich saß abseits, fühlte mich irgendwie überflüssig und konnte nicht fassen, daß ein so langweiliges Thema wie Unterhosengummis das Eis zwischen Kurt und meinem Bruder gebrochen hatte.

Es wurde noch ein sehr schöner Sommer, unser schönster Sommer. Aber als die Tage kürzer wurden und die Farben des Sees langsam verblaßten, mußten wir Kurt eines frühen Morgens zum Bahnhof von Attersee begleiten.

Peter hängte sich im letzten Moment an ihn und flehte: »Fahr nicht ab, bleib noch bei uns!«

Ludwika, die aus Deutschland gekommen war, um ihren Sohn abzuholen, sagte gerührt: »Peter, Schatz, Kurt muß unbedingt nach Deutschland zurück. Er muß doch zur Schule gehen und...«

»Und zur Therapie«, sagte Kurt düster.

»Aber ich will, daß du dableibst«, jammerte Peter hartnäckig. »Es gibt noch so viele Fische im See!«

Ludwika mußte lachen. »Wolltet ihr die etwa alle fischen?« fragte sie.

»Ja, alle«, erwiderte mein Bruder bekümmert.

Auf der Uhr des kleinen Bahnhofs war es zwanzig nach sieben, daran erinnere ich mich noch genau. Es war ein herrlicher Tag, eine nahe gelegene Wiese schimmerte im Tau.

Bevor sie in den Zug stiegen, legte Ludwika uns beiden den Arm um die Schultern und sagte: »Ich bin euch wirklich dankbar dafür, daß ihr Kurt eure Freundschaft geschenkt habt. Das hat ihm bestimmt sehr gutgetan. Und weil ihr soviel Spaß miteinander gehabt habt, bin ich mit euren Großeltern so verblieben, daß Kurt die nächsten Sommerferien wieder bei euch verbringt.«

Der Großvater nickte eifrig: »Versprochen, Kinder.«

Kurt bückte sich, öffnete seine Reisetasche, zog seine Lastex-Badehose heraus und gab sie Peter. »Hier, die lasse ich dir als Pfand bis zum nächsten Sommer.«

Es war unser Sommer, der schönste von allen.

Aber es blieb der einzige.

Hamburg, Februar 2003

Ein solides Einfamilienhaus am Stadtrand, ein Garten mit Bäumen, zwei Hunde – eine riesige Dogge und ein witziges weißes Hündchen, das in seinem geschorenen Fell aussieht wie nackt –, des weiteren eine rötliche Katze mit Stummelschwanz und ausgefranstem Ohr und eine ehrwürdige Schildkröte namens Olga.

Hamburg wurde für Kurt und Ludwika zur Wahlheimat. Zuerst war es ihnen ein sicherer Hafen und Zufluchtsort gewesen, später der Ort, an dem sie sich eine neue Existenz aufbauten.

Sie kamen 1945 nach schwieriger, riskanter Fahrt in einem Rot-Kreuz-Fahrzeug dort an. In einem Flüchtlingslager warteten sie das Ende des Krieges ab.

Unmittelbar nach der Kapitulation lebten sie eine Zeitlang von Sozialhilfe, aber Ludwika war eine erfahrene Köchin und nahm sich vor, in einem Restaurant zu arbeiten, sobald irgendwo eines aufmachte. Und sie hatte Glück. Ein paar Jahre später heiratete sie den Besitzer der Gaststätte und eröffnete mit ihm zusammen sogar noch zwei weitere Lokale.

Es war eine gute Ehe, und der Stiefvater behandelte Kurt wie ein echter Vater – liebevoll und mit sehr viel Verständnis. Er war es, der jahrelang die Therapeuten bezahlte, bei denen Kurt in Behandlung war, später auch die Universität. Tiermedizin. Auf der Fakultät lernte er Liesl kennen, die seine treue Lebensgefährtin wurde.

Ludwikas Depression während der Flucht war glücklicherweise von kurzer Dauer gewesen; ihr energisches, vitales Wesen hatte schon bald wieder die Oberhand gewonnen und ihr geholfen, nach und nach auch den tragischen Tod des kleinen Nikolas zu überwinden. Kurts Probleme waren ernster – »pathologische Trauer« nannten es die Therapeuten; er weigere sich, den Tod des kleinen Bruders zu verarbeiten oder, besser gesagt, »Trauerarbeit« zu leisten, sagten sie, er fresse alles in sich hinein, und dadurch gleiche sein Inneres einem Vulkan, der nicht ausbrechen könne. Aber in jenem Sommer des Jahres 1949 war es mir mit meiner ruppigen Art und Dickköpfigkeit gelungen, eine kleine Bresche in die kompakte Mauer seines Schweigens zu schlagen und seine Heilung wenigstens in die Wege zu leiten. Bis zu Kurts völliger Gesundung hatte es freilich noch lange gedauert und auch immer wieder Rückschläge gegeben.

Seine Frau Liesl ist nett, in ihrer Gesellschaft fühle ich mich sofort wohl. Im Laufe des Mittagessens, das in lockerer, familiärer Atmosphäre stattfindet, kehrt allmählich unsere alte Vertrautheit und Verbundenheit zurück. Gesprächsthema Nummer eins ist natürlich unser gemeinsamer Sommerurlaub 1949.

»Ich weiß alles über diesen Sommer«, sagt Liesl. »Jede Kleinigkeit. Jede Minute. Jeden Satz. Kurt hat ihn mir bis in die kleinste Einzelheit geschildert.«

»Ich hab ein paarmal versucht, dich ausfindig zu machen«, eröffnet mir Kurt, »in Wien und in Salzburg, aber ohne Erfolg. Leute mit dem Namen Schneider gibt es wie Sand am Meer. Ehrlich gesagt, ich habe es nach einer Weile aufgegeben.«

Ich für meinen Teil hatte ihn nie gesucht. Mein Leben hatte sich ganz woanders abgespielt, fern von meiner Heimat.

Ludwika ist schon vor etlichen Jahren gestorben; es tut mir sehr leid, sie nicht wiedersehen zu können.

Auch Martina, die ältere Tochter von Kurt und Liesl, kann ich leider nicht kennenlernen. Sie ist Opernsängerin und gerade auf Auslandstournee.

Aber am frühen Nachmittag erscheinen der Sohn Nikolas, die Schwiegertochter und ihre beiden prächtigen Jungen im Alter von acht und zwölf Jahren. Eine sympathische, harmonisch wirkende Familie.

Es entspannt sich eine nette Unterhaltung, und irgendwann sagt der kleinere der beiden Jungen zu mir: »Wir haben Sie im Fernsehen gesehen.«

»Wirklich?« frage ich ihn lächelnd.

»Opa hat gesagt, daß Sie früher mal Freunde waren.«

»Ja, das stimmt«, bestätigte ich. »Vor vielen, vielen Jahren.«

»Und daß er sie immer geärgert hat.«

Ich werfe Kurt einen Blick zu.

»Das war nur am Anfang«, erkläre ich dem Kleinen. »Hinterher waren wir dicke Freunde und haben miteinander einen wunderschönen Sommer erlebt.«

»Den schönsten«, meint Kurt nickend.

Irgendwann stellt sich Nikolas, der Kurt verblüffend ähnlich sieht, neben mich und sagt: »Wissen Sie was?« Sein Ton läßt mich aufhorchen. »In den Garten meiner Eltern kehrt jeden Frühling eine Nachtigall zurück.«

Ich nehme aus den Augenwinkeln wahr, daß Kurt resigniert seufzt wie jemand, der weiß, daß er wieder einmal geneckt wird.

»Ach, das ist nur eine Singdrossel«, meint Liesl mit freundlicher Nachsicht.

Aber Kurt korrigiert sie sofort: »Nein, es ist eine Nachtigall!« sagt er an mich gewandt.

»Eine Singdrossel«, wiederholt die Ehefrau mit amüsiertem Lächeln.

Kurt zieht die Stirn kraus: »Und ich sage dir zum tausendsten Mal, daß es eine Nachtigall ist! Als Tierarzt werde ich das ja wohl wissen.«

»Singdrossel.«

»Nachtigall!«

Kurt wirft mir einen hilflosen Blick zu, und in diesem Moment habe ich so etwas wie ein Déjà-vu. Ich sehe ihn wieder im Sommer 1949 vor mir, wie er mir von seiner Flucht erzählt und sein Gesicht den Ausdruck eines Erwachsenen hat. Jetzt dagegen, während er auf seiner Nachtigall beharrt, wie es früher Großvater Linke getan hatte, leuchten seine Augen wie die eines dickköpfigen kleinen Jungen.

PIPER

Helga Schneider

Laß mich gehen

Roman. Aus dem Italienischen von Claudia Schmitt.
175 Seiten. Serie Piper

Berlin, 1941: Die kleine Helga ist gerade mal vier Jahre alt, als ihre Mutter die Koffer packt, zur Tür hinausgeht und nie wiederkommt. Im Weggehen beugt sie sich noch einmal zu Helga hinab und schärft ihr ein, ja nicht zu weinen, um das Brüderchen Peter nicht zu wecken. Seitdem klafft eine tiefe Wunde in Helgas Seele. Nie wird sie den Moment vergessen, als ihre Mutter sie verlassen hat, nie verstehen, warum sie es tat. Und dann, Jahrzehnte später, erfährt sie die Wahrheit: Ihre Mutter verließ Mann und Kinder, um in den Konzentrationslagern von Ravensbrück und Auschwitz-Birkenau als Aufseherin zu arbeiten. Entsetzt schwört sich Helga Schneider, ihre Mutter zu hassen, zu vergessen, aus ihrem Herzen zu bannen. Aber dann kommt ein Anruf aus Wien: Traudi Schneider lebt, alt und vereinsamt, in einem Seniorenheim. Helga kann nicht anders – sie muß sie sehen, sie sprechen, ein letztes Mal …
Die ergreifende Geschichte einer betrogenen Tochterliebe, das literarische Zeugnis einer vom Fanatismus geblendeten Zeit.

01/1104/02/R

PIPER

Simona Vinci

Nachmittags, wenn alle schlafen

Roman. Aus dem Italienischen von Constanze Krings.
368 Seiten. Gebunden

Nachmittags, wenn alle schlafen, streunt der elfjährige Pietro durch die Wälder und geht seinen verbotenen Erkundungen nach. Es sind die frühen 40er Jahre, und die Allmacht der Faschisten ist überall in Italien zu spüren. Pietros schöne junge Mutter entzieht sich ihm immer mehr – erst recht, seit sie ihn dem Drill des Internats ausgeliefert hat und sich mit diesem deutschen Offizier abgibt. Was hat es zu bedeuten, daß sie sich oft stundenlang allein in ihrem Zimmer einschließt? Zum Glück gibt es Irina: Mit ihren dreizehn Jahren weiß sie schon so viel über die Liebe, sie ist Pietros Vertraute und wie eine Schwester für ihn. Doch eines Tages ist Irina plötzlich tot, und nur ihr Tagebuch verrät, daß sie nicht an Schwindsucht starb. Nach und nach erschließt sich dem Jungen das ganze Ausmaß einer grausamen Familientragödie.

01/1450/01/R

Konrad Hansen

Der wilde Sommer

Roman aus dem Jahr 1945. 480 Seiten. Gebunden

Frühjahr an der Kieler Bucht. Das Eis am Ufersaum der Ostsee ist geschmolzen, und über den Salzwiesen tanzen die Zugvögel. Für den fünfzehnjährigen Hannibal Witt könnte ein ganz normaler Sommer auf dem Weg des Erwachsenwerdens folgen. Aber es ist das Jahr 1945, in dem jugendliche Entdeckungsreisen von feindlichen Tieffliegern und heulenden Sirenen unterbrochen werden. Zwar hängt das Foto des Führers noch an der Wand, doch teilt man Haus und Hof bereits mit Flüchtlingen aus dem Osten und erwartet den Feind in der Tür. Hungernde Soldaten, geschändete Frauen und rebellierende Zwangsarbeiter gehören für den Heranwachsenden längst zum alltäglichen Bild. Deshalb sind gerade in dieser Zeit, als die Grenzen von Gut und Böse aufgehoben scheinen, Liebe und Freundschaft von essentieller Bedeutung.

01/1449/01/R